湛庐CHEERS

与最聪明的人共同进化

HERE COMES EVERYBODY

CHEERS
湛庐

Web3营销

Web3 Marketing

[美]阿曼达·卡萨特　著
Amanda Cassatt
葛颀　葛书辰　译

浙江科学技术出版社·杭州

测一测

你了解 Web3 的发展历程吗？

扫码加入书架
领取阅读激励

- Web3 主要是针对 Web2 平台上的哪个问题产生的？（单选题）

  A. 易受政客操控

  B. 对个人心理健康产生了消极影响

  C. 免费资源使某些市场受到了冲击

  D. 将用户数据变现，却只有公司股东从中获益

扫码获取全部测试题及答案，一起了解 Web3 时代的营销方式

- 与 Web2 营销相比，Web3 营销最大的特点是：（单选题）

  A. 收集用户数据

  B. 倾向于使用科学术语

  C. 可以实现自我治理和自我营销

  D. 公司需要在第三方平台上投放广告

- 以下哪项不是元宇宙背景下艺术家能够获得的好处？（单选题）

  A. 几乎获得作品的全部价值

  B. 监测和举报伪造品和假冒品

  C. 通过创造稀缺性来保持价格水准

  D. 以较高的门槛出售作品

扫描左侧二维码查看本书更多测试题

献给山姆，

我在与你度假期间写了这本书，

感谢你的耐心。

区块链行业的发展历程和营销实践方法是本书的核心。
我由衷希望，这些知识能成为每个人迈向更好未来的阶梯
—— 无论是追求个人进步，还是提升团队协作。

感谢湛庐让这本书有机会走进更多中文读者的世界。

探索Web3营销的未来之路

檀　林
北大汇丰商学院未来实验室首席未来学家

你是否也曾对传统商业模式心生厌倦？是否不满于当下互联网平台的各种垄断，对个人数据被滥用也日益感到忧虑和不满，且一直苦苦寻觅新的契机？你是否被 Web3 技术去中心化、用户主导的理念深深吸引，甚至考虑投身 Web3 领域，开启属于自己的创业征程？

最近，我有幸拜读了湛庐文化最新引进的阿曼达·卡萨特所著的《Web3 营销》，这本书，毫不夸张的说，能为我们在进一步了解下一代互联网 Web3 的探索之路上，提供一份犹如穿越者视角般的引导指南，清晰地、全方位地解析了很多关于 Web3、加密货币、NFT（非同质化代币）、元宇宙、去中心化、分布式应用等各种令人眼花缭乱的概念，也给了我们一个透视镜，可以系统化地一窥未来 Web3 的无限可能，并消除诸多目前我们关于 Web3 的碎片化、“盲人摸象“般的误解。

Web3：一场互联网的范式革命

Web3，作为互联网发展的新阶段，并非凭空出现，而是源于对Web1和Web2发展历程的深刻反思与演进。

Web1实现了信息的数字化传播，让知识得以在全球范围内快速共享，为互联网的普及奠定了基础。然而，其中心化的架构和有限的互动性，限制了用户的参与和创新。随后的Web2时代，社交媒体、电子商务等应用如雨后春笋般涌现，用户成为内容的生产者，极大地丰富了互联网的生态。但Web2也带来了诸多问题，如数据隐私泄露、平台垄断、利益分配不均等，这些问题逐渐引发了人们对互联网发展方向的重新思考。

在这样的背景下，Web3应运而生，旨在构建一个更加公平、透明、用户主导的互联网生态系统。Web3的核心特点包括去中心化、数据所有权归用户、智能合约的广泛应用以及价值的公平分配。通过区块链技术，Web3实现了数据的分布式存储和加密验证，确保了数据的安全性和不可篡改性。用户在Web3世界中，真正成为了自己数据的主人，可以自主决定数据的使用和共享方式。智能合约则为Web3的应用提供了自动化的执行机制，使得各种交易和业务逻辑能够在无需信任第三方的情况下自动完成，大大提高了效率和透明度。

以以太坊为例，它作为Web3的重要基础设施，不仅支持加密货币以太币（ETH）的交易，还为众多dapp（去中心化应用）提供了运行平台。以太坊的智能合约功能使得开发者能够创建各种创新的应用，如DeFi（去中心化金融）平台、NFT（非同质化代币）市场、DAO（去中心化自治组织）等。这些应用打破了传统金融和商业的边界，为用户提供了更加自由、公平和高效的服务。

在 DeFi 领域，用户可以通过智能合约实现点对点的借贷、交易和理财，无需依赖传统金融机构的中介服务，降低了交易成本和门槛。

NFT 市场则为数字艺术品、音乐、游戏道具等独特数字资产的创作、发行和交易提供了新的途径，让创作者能够更好地实现自身价值。

DAO 则通过区块链技术实现了组织的去中心化治理，成员可以通过投票等方式共同参与决策，使得组织更加民主、透明和高效。

本书解除了对Web3的误解

误解一：Web3 只是一种炒作

很多人认为 Web3 只是一种炒作，没有实际的应用价值。然而，事实并非如此。Web3 已经在金融、艺术、游戏、社交等多个领域得到了广泛的应用。例如，在金融领域，DeFi 平台为用户提供了更加便捷、高效的金融服务；在艺术领域，NFT 市场为数字艺术家提供了新的创作和变现渠道；在游戏领域，区块链游戏为玩家提供了更加公平、透明的游戏环境；在社交领域，去中心化社交平台为用户提供了更加安全、私密的社交体验。

误解二：Web3 技术复杂，难以理解和使用

Web3 技术确实相对复杂，涉及区块链、智能合约、加密钱包等概念和技术。然而，随着技术的不断发展和普及，越来越多的工具和平台正在

出现，使得 Web3 技术变得更加易于理解和使用。例如，一些钱包应用提供了简单易懂的界面和操作流程，让用户可以轻松管理自己的数字资产；一些去中心化应用平台提供了丰富的应用和服务，让用户可以方便地体验 Web3 的魅力。

误解三：Web3 不安全，容易受到黑客攻击

Web3 基于区块链技术，具有高度的安全性和不可篡改性。虽然 Web3 领域也存在一些安全问题，如智能合约漏洞、钱包被盗等，但这些问题并不是 Web3 技术本身的问题，而是由于人为因素或技术不完善所导致的。随着技术的不断进步和安全措施的不断加强，Web3 的安全性将会得到进一步的提高。

本书澄清了Web3 与人工智能的关系

Web3 和人工智能是两个相互关联的领域，它们之间的结合将会带来更加智能化、个性化的服务和体验。

数据所有权和隐私保护

Web3 强调数据所有权归用户，用户可以自主决定自己的数据如何被使用和共享。这为人工智能的发展提供了更加安全、可靠的数据基础。同时，Web3 的加密技术和去中心化存储也可以为人工智能的数据存储和处理提供更加安全、高效的解决方案。

智能合约和自动化决策

Web3 的智能合约可以为人工智能的自动化决策提供更加可靠的执行机制。通过智能合约，人工智能可以在无需信任第三方的情况下自动完成各种任务和决策，提高决策的效率和准确性。

去中心化人工智能

Web3 的去中心化架构也为人工智能的发展提供了新的思路。去中心化人工智能可以通过分布式计算和协作，实现更加高效、准确的人工智能服务。同时，去中心化人工智能还可以避免中心化人工智能所带来的垄断和隐私问题。

本书系统介绍了Web3营销的策略与方法

Web3 营销漏斗

Web3 营销漏斗包括发现、参与、使用和留存四个阶段。在发现阶段，关键在于让潜在用户首次接触到产品或项目，通过品牌信息传递、社交媒体营销、搜索引擎优化等手段吸引用户的注意力。在参与阶段，要激发用户的兴趣与互动，通过产品网站优化、社区建设、内容营销等方式让用户深入了解项目。在使用阶段，要将潜在用户转化为实际用户，通过提高产品的易用性和用户体验、提供激励机制等方式促进用户的使用。在留存阶段，要培养用户的忠诚度，通过不断优化产品和服务、加强社区互动、建立用户忠诚度计划等方式提高用户的留存率。

代币化与 NFT 的创新营销应用

代币化和 NFT 是 Web3 营销中独特而强大的工具。代币不仅可以作为一种数字资产进行交易，还可以用于激励用户行为、实现价值分配和构建生态系统。NFT 则为数字内容的所有权和稀缺性提供了新的解决方案，可以用于创建独特的数字收藏品、会员权益、活动门票等。

DAO在营销中的角色

DAO 在 Web3 营销中扮演着独特的角色。作为一种去中心化的组织形式，DAO 由成员共同治理和决策，成员通过持有代币或其他方式参与组织的管理。在营销方面，DAO 可以通过社区成员的共同努力，制定营销策略、推广项目、组织活动等。

元宇宙：营销的新前沿

元宇宙作为 Web3 的重要应用场景，为营销带来了全新的机遇和挑战。在元宇宙中，用户可以身临其境地体验各种虚拟场景和产品，品牌可以通过创建虚拟展厅、举办虚拟活动、推出虚拟产品等方式，与用户进行互动和营销。

本书讨论了Web3 营销的挑战与应对方法

技术复杂性与用户教育

Web3 技术的复杂性是营销过程中的一大挑战。对于普通用户来说，理解区块链、智能合约、加密钱包等概念和操作并不容易。这就需要项目方在营销过程中，注重用户教育，通过简单易懂的方式向用户解释技术原理和产品使用方法。例如，制作生动有趣的科普视频、撰写详细的教程文章、举办线上或线下的培训活动等，帮助用户逐步了解和接受 Web3 技术。

法规不确定性

由于 Web3 行业尚处于发展初期，相关法规政策还不够完善，法规不确定性给 Web3 营销带来了一定的风险。项目方需要密切关注法规动态，确保营销活动符合法律法规的要求。同时，积极与监管机构沟通，参与行业自律，共同推动 Web3 行业的健康发展。

市场竞争与创新压力

随着 Web3 的火热发展，市场竞争日益激烈，项目需要不断创新才能在竞争中脱颖而出。这就要求营销团队密切关注市场动态，深入了解用户需求，不断推出新颖的营销方案和产品功能。例如，通过与其他项目的合作，实现资源共享和优势互补；探索新的营销渠道和方式，如利用新兴的社交媒体平台、开展跨界营销活动等。

本书对Web3 营销的未来作出了展望

展望未来，Web3 营销将在互联网的发展进程中发挥越来越重要的作用。随着技术的不断进步和应用场景的不断拓展，Web3 营销将呈现出更加多样化和创新化的趋势。

与更多技术的融合

Web3 营销将与人工智能、物联网、大数据等技术深度融合，为用户提供更加个性化、智能化的营销体验。例如，通过人工智能算法实现精准的用户画像和推荐，利用物联网技术实现线下场景与线上营销的无缝连接，借助大数据分析挖掘用户的潜在需求和行为模式。

在更多领域的应用

Web3 营销将在更多领域得到广泛应用，如金融、娱乐、教育、医疗等。在金融领域，DeFi 将继续创新发展，为用户提供更加便捷、高效的金融服务；在娱乐领域，元宇宙将为用户带来更加沉浸式的娱乐体验，如虚拟演唱会、游戏竞技等；在教育领域，Web3 技术将为在线教育提供更加公平、透明的学习环境，实现教育资源的共享和个性化学习；在医疗领域，Web3 有望实现医疗数据的安全共享和精准医疗的发展。

去中心化的进一步加强

随着 Web3 技术的不断发展，去中心化的程度将会进一步加强。用户将更加注重自己的数据所有权和隐私保护，去中心化的应用和服务将会得到更多的用户认可和使用。同时，去中心化的营销模式也将会逐渐兴起，用户将通过社区推荐、口碑传播等方式获取产品和服务信息，而不是仅仅依赖传统的广告和营销渠道。

总之，《Web3 营销》为我们展示了一个充满机遇和挑战的 Web3 营销新世界。在这个世界里，营销不再是传统意义上的推广和销售，而是一场与用户共同构建价值、共同成长的旅程。让我们一起拥抱 Web3 的未来，探索 Web3 营销的无限可能。

一份来自互联网前线的“战地手册”

葛 颀
中赫集团副总裁
工体元宇宙创始人、CEO、首席架构师

作为 Web3 最先启动的市场力量，截止 2024 年 11 月底，比特币价格在 9.6 万美元上下波动，总市值约为同期全球黄金总市值的 18%；全球加密货币市场总市值达到创纪录的 3.2 万亿美元；美国当选总统特朗普重申建立美国比特币战略储备的计划……加密货币已然褪去了“非法通用货币”的大衣，作为新的通用资产屹立于全球主要经济体。

从“通用货币”到“通用资产”的大变身背后，是全球愈演愈烈的以比特经济为核心的数字化转型，呈现出“实为支点、数为引擎”的新范式，一个影响所有人、波及所有企业、蔓延到所有政府的 Web3 时刻正在临近。

“知不知，上；不知知，病”。过去五年，由于全球公共卫生挑战和地缘政治冲突导致的硬隔离，国内各类科技会议论坛和专业媒体报道的“含际量”“含科量”“含新量”让人堪忧，我们对全球 Web3 的了解只能停留在简体中文互联网营造的信息茧房里，想要在最新的、去中心化的、基于区块链的新一代互联网的火线上亲身体验炮火、亲身呼唤炮火，甚至躬身入局塑造炮火，似乎成为了一种新的奢侈。

“上士闻道，勤而行之”。作为全球第二大经济体和 Web2（移动互联网）的领军国家，中国、中国企业和近 11 亿互联网用户毫无疑问需要掌握 Web3 的第一手情报，并洞察那些准备或是已经迈向 Web3 市场主体的战略、工具、游戏规则和管制政策。我们期待着一份来自真正火线的“战地报告”——不是新闻媒体的报道，不是社交媒体的构想，更不是道听途说的“意淫”。

阿曼达·卡萨特撰写的《Web3 营销》正是这样一本书。

阿曼达·卡萨特是一位国际知名的 Web3 产品构建者和出色的营销专家，她带领了业界领先的区块链公司进入市场，并为全球机构提供采用加密货币的指导。她是全球领先的 Web3 营销机构和产品工作室 Serotonin 的创始人兼首席执行官。她曾作为 ConsenSys 的首席市场营销官推动以太坊走向市场。而在赫芬顿邮报为阿里安娜·赫芬顿（Arianna Huffington）工作的经历，让她对 Web3 营销的观察与描述既有着基于历史和产业架构的洞察，又有着深入的技术和业务部署经验，还有诸多亲身经历的 Web2 全球领军人物和故事的细节展现，让读者读有所得，得有所思，思有所乐。

作为一本“战地手册”，阿曼达·卡萨特从我们熟悉的 Web1 和 Web2 的进化破题，并在率先迈向 Web3 的比特币、以太坊等加密货币的缘起、技术路径、产品沿革和市场演进等方面给出了深入浅出的分析，指出了 Web2 经过多年发展，依然无法实现去中心化设计以及用户、投资人和平台公司利益共生的结构性缺陷，一个新的互联网平台亟需出现。特别值得一提的是，阿曼达·卡萨特将元宇宙放在了互联网的平台上予以观察和分析，认为支持 Web3 技术使元宇宙成为以利用可替代代币、NFT 甚至 DeFi 来创建内容和价值的开放环境，让我们对更好地把握和使用元宇宙有了全新的视角和可能性。

“大方无隅，大器免成，大音希声，大象无形”。当我们观察到广大互联网用户应该是自治和有韧性的，在网络上对自己的决策负责，保护自己的价值而不依赖于平台型公司；网络治理系统应该是开放和透明的，公平地对待所有参与者；流量和数据应该是在区块链的赋能下权属清晰、流动有序的，我们就应当明白，真正能够实现网络的核心是流量，流量的核心是内容，内容的核心是价值。新一代互联网 Web3 正在重塑着金融、艺术、娱乐、时尚和媒体等诸多行业和场景。

阿曼达·卡萨特并没有止步于互联网历史的研究，以及加密货币、元宇宙等 Web3 先行技术和产品的分析，她以自己的亲身经历，以价值交付作为独特视角，从 KYC、组建团队、制定 KPI 等关键步骤，为读者深入描述了 Web3 公司和产品的市场营销实践，并阐述了在规模越来越大、数据越来越多、流量越来越高的新型互联网时代，如何通过制定明确的营销漏斗方案和行动呼叫实施计划，助力市场营销人员完成从发现市场突破点、启动增长飞轮和保留价值客户的全过程管理。和大多数书不同，这些发现的来源并不是想象和二手资料，而是她近 8 年的 Web3 企业实战经验和真实案例。

“道冲而用之或不盈，渊兮似万物之宗”。对本书中文版的绝大部分读者而言，我相信他们应该是企业的中高层管理者或是公共事务的领导者和政策制定者。我们或我们身处的企业和社会，正处在 Web2 向 Web2.5 转变的阶段。由于管制政策、企业战略和团队能力等诸多原因，大多数市场主体目前离真正的 Web3 还有一小段的路程，阿曼达·卡萨特并没有回避这个问题，她将星巴克、苏富比等业界领先企业进军新网络的战略进行了总结分析，明确提出“Web2 和传统公司可以使用 Web3 的工具和机制”，进一步提升了这本“战地手册”的实战意义和应用场景。例如，由于去中心化和技术创新的推动，NFT 的发展彻底革新了数字资产领域。然而，与任何新兴市场一样，NFT 市场也存在其自身的缺陷，尤其是在无监管的去中心化和巨大的碳足迹方面的影响。像 SushiSwap 和 Evolved Apes 这样的事件，凸显了在缺乏稳健治理的情况下，过度依赖去中心化系统的风险，而与 NFT 铸造相关的环境问题则进一步强调了在当今数字交易中可持续性的重要性。

我曾在国有骨干通信企业工作多年，之后又在国际通信组织、人工智能独角兽公司和元宇宙创业公司工作。我的工作经历基本涵盖了 Web1 和 Web2 的主要阶段以及 Web3 的主要阵地，这为我去理解和翻译阿曼达·卡萨特的“战地手册”打下了很好的基础。葛书辰作为“Z 世代”的一员，在英国一所依然保持学院制的大学以一等荣誉的成绩完成了金融学的教育，目前正在美国排名领先的商学院完成量化金融研究生专业的深造，在国际和国内多家科技公司有着丰富的实习工作经验，对英文表达、西方文化和 ChatGPT 等最新数字科技成果有着第一线的掌握。我们通过连续 3 周、每天 5 小时的共同努力，终于得以将这本书呈现给读者，尝试从学术和产业的角度揭开下一代互联网的面纱，努力让中文读者早日看到和进入属于每一位地球居民的 Web3“社区”，通过共同的努力将破碎的网络演变得更加开放、透明、高效、公平和包容。

Web3营销，掀起下一场营销革命

2019 年，我和丈夫在日内瓦机场遇到了严重的航班延误，候机时我注意到了一个显示屏，上面醒目地写着“Ethereum”（以太坊）一词，并附带一张价格图。我从腿上满是饼干屑的饼干盒上抬起迷糊的目光，确认这不是因为我眼花缭乱产生的幻觉。果然如此，于是我兴奋地跳了起来，拍了一张照片，饼干屑撒了一地。

在我和丈夫刚开始为以太坊项目做出贡献时，只有一小群人意识到它的存在。作为一名营销人员，我的工作是向世界推广以太坊，而现在日内瓦机场的管理者认为它足够重要，值得与比特币和全球顶级股票一起展示。每个营销人员都梦想着自己推广的项目有从默默无闻走向“主流”的这一天。这是从 2017 年至今出现的许多重要时刻之一，这些时刻使我坚信**“构建去中心化的第三代互联网”运动已经到来，且将会持续下去。**

2016 年，当我开始从事后来被 Wiley 出版社的编辑称为 Web3 营销的工作时，几乎没有人听说过 Web3。我们自己也几乎不使用这个术语。当时，作为 ConsenSys 公司首席营销官的我，绝对不会想到自己将成为第一个 Web3 营销人员。我的任务是将以太坊引入市场，雇用和培训第一个 Web3 营销团队，并推出许多支持 Web3 的关键产品。当时，我们是一群钟情于玄妙事物的全球网络中的“书呆子”，我们所在的新兴行业被称为加密货币行业。一个以太币的价值只有几美元，没有人拥有任何 NFT。我们的起点很低，显得我们的雄心壮志有些可笑。但我们坚信，以太坊不仅将成为下一个伟大的计算平台，还将成为全球金融系统的新基础和通过代码公正透明地构建相邻经济的基础。因此，我们工作的办公室总是充满了希望之光。

当时，我们设想的愿景是：数百万人将能够在用户控制的钱包中保护自己的资产，从使用网络应用程序的过程中获益，而无须成为真正被出售的产品，还可以通过创造可拥有的互联网财产获得报酬。诚然，实现这个愿景的步伐比许多人预期的要慢。然而，加密货币现在每天都在新闻中出现，领先的用户控制钱包 MetaMask 拥有 2 100 万月活跃用户①，有 2 860 万个加密钱包持有被称作 NFT 的互联网财产。[1] 与此同时，以太坊的市值增长到了近 2 000 亿美元，仅次于拥有近 4 000 亿美元市值的比特币。[2] 据估计，已经有超过 20 万名软件开发人员学习了以太坊区块链上的主要编程语言 Solidity。[3] 而且在 2021 年，以太坊 11.6 万亿美元的交易量甚至超过了传统支付巨头 Visa 的 10.4 万亿美元。[4] 考虑到我们从零开始，发展到如此规模，实属不易。同时，这确实是一大笔钱，说明有相当数量的人已经开始了解和使用以太坊。

这些数据看似十分可观，不过先让我们放眼整个局面。虽然以资产为

① 本书原版出版于 2023 年 4 月份，相关数据以该时间点为参照，下同。——编者注

标准计算，以太坊可能转移了更多资产，但每天在以太坊上进行的 100 万笔交易量无法与处理超过 1.5 亿笔交易的 Visa 网络相提并论。[5] 所有加密货币的总市值曾一度超过 1 万亿美元，但与约 25 万亿美元的美国国内生产总值或超过 96 万亿美元的全球生产总值相比，这都微不足道。[6] 全球大约有 3 100 万名软件开发人员，而了解 Solidity 的人不到 1%。[7] 同时，全球 37% 的人口尚未使用过互联网，更不用说收集 NFT 了。[8] 毋庸置疑，我们仍有很长的路要走。

起初，我们称比特币和以太币为加密货币，是因为它们最初的应用与金融有关。比特币是建立在去中心化区块链上的第一个成功的数字货币系统。以太坊的早期应用主要涉及金融价值。从 2012 年到 2019 年，进入加密货币生态系统的大部分价值都是通过交易所和 Coinbase 这样的高速通道实现的，人们可以用自己的法定货币（如美元）来投资比特币或以太币。[9]

不仅是加密货币，从事这个行业的人员也都有技术和金融背景。我们这个新兴行业的“始祖”是金融和技术，但从 2020 年开始，随着 NFT 的崛起，情况发生了变化。加密货币行业开始与艺术、娱乐、时尚和媒体相交融。这为我们的领域带来了一批全新的个体，从创作者到企业家和专业人士，他们重新塑造了行业的特点。突然之间，下载 MetaMask 的用户群体中有了购买数字手袋供其数字分身在元宇宙中使用的买家，以及希望在游戏中获得游戏资产的玩家。我们的行业不再纯粹关乎金钱，“加密货币”已经开始吸引更广泛的用户群体。

社区开始普遍使用不太常见但长期存在的术语 Web3，以描述一个具有广泛文化和金融意义的整体技术运动。这个运动有自己特定的价值观：人们应该是自我管理和有韧性的，在网络上对自己的决策负责，自己保护自己的资产而不依赖于公司；网络治理系统应该是开放和透明的，公平地对待所有参与者……其中一些价值观在互联网诞生之初即存在，其他一些价值观正在被新加入 Web3 的人塑造。这些来自世界各地的新用户将成为未来 1 亿用户的一部分。

Web3 在金融和技术领域之外蓬勃发展，如今已准备进入每个行业。类似于数字化产生的影响，每个行业也都需要适应 Web3。然而，引领我们到现阶段加密货币应用水平和 Web3 起跑线上的计算机科学家和经济学教授，无法给我们带来下一个 1 亿“主流”用户。他们还需要下面这些人的帮助：组织内部领导 Web3 团队的专业人士、了解如何与 Web2 零售消费者互动的创意企业家和艺术家，以及理解 Github 上的开源代码和学术论文的同时还能辨别人类行为复杂性的投资者。Web3 这项技术将要被大规模应用，这一规模将远远超出日内瓦机场屏幕所显示的内容。推动下一波应用浪潮的个人（他们并非全是工程师）、项目和公司可以期待巨大的回报。对于非技术背景的优秀营销人员和商业专家来说，有一条道路可以助力他们赶上这个浪潮。

我撰写本书的目的是让其他营销人员能够开始建设 Web3。在整本书中，我使用“营销人员”这个术语来形容那些像我一样热衷于讲故事、能够换位思考、关心我们所创造事物的外观和质感的人。我们是商业人士和策略家、艺术家和设计师、社区领导者和教育工作者。随着我们的运动触及更广泛的受众和更多不同的行业，我相信像我们这样思考的人将在推动 Web3 普及的下一波浪潮中扮演至关重要的角色。迄今为止，鲜有供非工程师读者阅读的高质量 Web3 资料，这是一种遗憾，因为它阻碍了一些最敏锐的思想家和经验丰富的专业人士进入这个领域。

在本书中，我尝试以最清晰的方式向任何熟悉互联网的人解释 Web3。

关于 Web3，最重要的一点是，要理解它不是一组预先确定的结果，而是一种基质，一种我们可以用来亲手塑造的“黏土”。就像艺术家学习新媒介一样，我们必须充分了解我们的材料，然后才能开始创作。因此，我在本书的第一部分追溯了 Web3 是如何从 Web1 和 Web2 的起源中发展起来的，表明 Web3 不是一套新的思想，而是对万维网最初愿景的一种新颖实现。然后，我解释了 Web3 的关键特性，读者可以用这些特性来塑造自己的 Web3 系统，这些系统包括代币、NFT、dapp、DeFi、DAO 和支持 Web3 的元宇宙世界。

在本书第二部分，读者将首次遇到明确涉及营销的章节。这些章节受益于我从许多营销文献中获得的见解，我在其中引用了许多我最喜欢的文献。理解这些章节并不需要事先对营销概念有所了解，尤其因为我提出的许多建议都与传统的营销智慧背道而驰。这些以营销为重点的章节主要介绍了我和我的团队 7 年来作为第一个 Web3 营销团队所收集到的最佳实践经验。我们最初是在 ConsenSys 专注于以太坊的营销工作，现在是在 Serotonin 继续我们的工作，后者是我在离开 ConsenSys 之后成立的一家营销机构和产品工作室。

在第三部分，我向读者提供了一些前辈艺术家的工作案例，包括 ConsenSys 公司、Serotonin 的客户和其他值得关注的 Web3 项目。设置这些章节的目的不是为读者提供可完全复制的蓝图或模板（尽管在某些时候我确实提出了具体的策略），而是塑造一种基于过去成功和失败经验的 Web3 营销方法。我这样做是为了使这本书在快速发展的领域中能够保持长时间的效用。具体而言，这些章节包括 Web3 营销漏斗的设计，在每个阶段都能使用的渠道建议，以及如何充分利用每个渠道的策略。其中，有几个重复出现的主题，我想通过这些主题强调，在 Web3 中就像在 Web2 和很久以前一样，了解受众和了解产品是至关重要的。营销人员选择的产品可以产生巨大的影响：如果没有选择以太坊，我们的团队肯定不会那么成功。

在第四部分，我着重讨论了建立社区的策略，定义了在 Web3 中“社区”的含义，以及它如何成为实现 Web3 项目可持续、长期增长目标的关键所在。我相信，这将使 Web3 企业能够随着时间的推移胜过传统企业和 Web2 企业。

无论你支持的项目最终是在时代广场的数字广告牌上发布，还是在元宇宙时尚街区上被发现，抑或是在 DeFiLlama 排行榜上名列前茅，我希望每位营销人员都能拥有我当时在日内瓦机场的那种类似体验。希望在本书结束时，你能够获得足够的信心去抓住塑造 Web3 未来的机会。

目 录

Web3 Marketing

第一部分

Web3是什么，它从何而来

在构建 Web3 时，

他们并不是在创造全新的东西，

而是使互联网

实现其最初的愿景，

纠正历史上

被认为是缺陷的地方。

Web3 Marketing

Web3 Marketing

第 1 章

去中心化的尝试，从Web1到Web2

对于“新技术将改变一切”的说法持怀疑态度是很自然的。我出生于20世纪90年代初，那是一个充满技术乐观主义的时代。由于克林顿总统任期里全球化带来的低成本生产和高效跨国供应链，一夜之间，新的创新能达到的规模似乎是无限的。毫无疑问，技术将以线性甚至指数级的方式发展，为所有人带来富裕的机会。社会进步的无形之手似乎不可避免地引领我们走向一个没有边界的、更加包容的世界。这是上一历史时代的终结，也是最伟大的技术时代的全新开始。对于我这一代的朋友们来说，我们期待过上比我们父母那一代更加轻松的生活，把需求托付给友善的机器人，像《杰森一家》（*The Jetsons*）里的人那样，在未来城市里乘坐飞行汽车飞驰而过。

时至今日，无须多言，我是失望的。弗朗西斯·福山（Francis Fukuyama）在20世纪90年代初的论断是荒谬的①，历史并没有终结。

① 20世纪末，日裔美籍学者弗朗西斯·福山提出“历史终结论”，宣称人类历史将终结于自由民主制，主张后发民族国家仿效自由民主制以实现现代化。——编者注

虽然全球饥荒、贫困和暴力持续减少，但我和我的朋友即将面对的是经济危机、身体和心理疾病、对制度的信任和人与人之间信任（社会真正的财富）的崩溃。不仅如此，飞行汽车也没有出现。在我年少时，创新主要出现在比特世界，而不是原子世界①。在美国，我们关闭了工厂，放弃在物理世界中建造那些曾经让我的童年充满想象力的事物。相反，我们向内转型：**远离运动的世界，转向计算机。**

Web1 的出现，一场信息共享革命

20 世纪 90 年代的突破性创新并不是飞行汽车，而是互联网。被称为互联网的全球计算机网络的起源可以追溯到 20 世纪 60 年代，但诞生后的几十年间，它的主要用户仅限于政府和大学的研究人员。然而，在 20 世纪 90 年代初，互联网开始向公众开放，并随着万维网的发明，实现了爆炸性增长。万维网由一套用于创建和访问包含文本、图像和其他媒体的文档（网页）工具组成。最重要的是，它包含了可以通往全球网络上的其他文档和资源的链接（超文本）。针对个人和商业计算机的图形化网络浏览器的发展，让浏览万维网中不断增长的页面变得越来越容易和有趣。像文艺复兴时期的佛罗伦萨，互联网通过将计算机连接成一个网络，吸引了大量的使用者，且达到了前所未有的规模，成为信息共享和寻找志同道合之人的场所。一个由政府、企业、组织和个人网站组成的内容丰富且日益多媒体化的生态系统蓬勃发展起来，最初的网络留言板和后来的个人博客为普通人提供了非常受欢迎的在线发布和交流平台。

---

①“比特世界”指互联网世界，“原子世界”指现实物理世界。——编者注

虽然 20 世纪 90 年代的网站远比我们现在习以为常的要静态化，互动性也要少，但这种被称为 Web1 的技术范式使全球范围内可获取信息的数量和质量成倍增加，通过民主化的接入方式，交流和分享知识的门槛大大降低。网络软件具有几乎无限的可扩展性，在理论上可以覆盖数十亿人口，而无需额外的前期人工或生产成本，这为旧金山湾区带来了前所未有的机会，进一步巩固了其全球技术中心的地位。该地区已经是半导体行业、个人计算机硬件和软件的主要参与者以及斯坦福大学的所在地，也拥有了可支持互联网公司发展的资本和技术敏锐性。毋庸置疑，Web1 引发了一场信息革命。像其他梦想家一样，我对类似《杰森一家》中的飞行汽车至今仍不存在的事实感到遗憾，但在富有见识的计算机科学家父亲和神经科学家母亲的鼓励下，我勉强地接受了他们对比特世界的乐观态度——他们都看到了电脑屏幕另一侧的光辉未来。

互联网的最初构建者是技术乐观主义者，他们相信开放的网络系统将揭示重要的社会和科学事实，帮助打破邪恶或不正当的人对权力的掌控。“曝光”将是最好的消毒剂。他们希望互联网成为一个发现真相和享受快乐的场所。万维网的发明者蒂姆·伯纳斯－李（Tim Berners-Lee）及其合作者在设计第一个互联网架构时采取了哲学意义上的去中心化的方法。约翰·吉尔摩（John Gilmore）创办了促进互联网公民自由的非营利性组织——电子前沿基金会（Electronic Frontier Foundation），他是与伯纳斯－李同时代的早期网络先驱。吉尔摩的名言是：“互联网将审查视为破坏，并规避它。”[1] 像 BGP（边界网关协议，允许 IP 地址解析到物理计算机）、TCP/IP（允许信息在这些计算机之间流动）和 DNS（允许名称解析到 IP 地址）这样的协议都是为了去中心化而设计的。但是，伯纳斯－李和其他人在面对企图控制互联网的恶意行为者时，并没有设计去中心化的机制。事实上，现在 BGP、DNS 和其他关键的互联网协议在很大程度上都受到政府的控制。早期的互联网架构还存在着技术上的限制，不能以去中心化的方式跨多个服务器存储文件。

尽管存在这些问题，从其基础架构到早期的内容，互联网还是达到并超越了互联网先驱们的期望。其中许多人与第一代黑客共享着乌托邦式的乐观主义精神，这些黑客在万维网出现之前很久就开始探索计算机网络和通信系统（有时是恶意的，但通常不是）。1986 年的《黑客宣言》（*The Hacker Manifesto*）设想了一个没有边界的比特世界，这个世界不受偏见和歧视的影响，是一个公平竞争的舞台，任何拥有计算机和必要技能的人都可以为捍卫弱势群体、对抗专横权力的过度行为而战。行政机构的衰败官僚甚至不会使用文字处理器，黑客与这群空有其表和无知的人进行了对抗。他们有时入侵保险公司的数据库，从匿名公司转移资金，有时仅仅享用免费的长途电话。这些计算机极客及其精神的继承者将不再作为黑客或灰客潜行于暗影中，而是作为新信息经济的开发者继续与他们的老牌对手较量，在开放的资本主义竞争中获得最高薪的职位，并创办非常赚钱的现象级初创企业。

事实证明，对 Web1 的原始精神构成真正挑战的既不是企业人士，也不是政府代理人，而是其他互联网创始人和他们所提出的让互联网更易用和更易营利的解决方案。与 Web1 开放、去中心化的技术架构相比，这一批创始人开发了封闭、围墙花园式的互联网平台，以便让普通用户更容易访问互联网。诸如 CompuServe、Prodigy，尤其是美国在线（AOL）等互联网服务提供商（ISP）甚至为数百万常规用户提供了通往互联网的入口，它们实质上是 Web1 开放标准的竞争对手。

Web2 的出现，中心化平台主导一切

到了 20 世纪 90 年代中期，许多公司开始通过软件和拨号连接相结合的方式为消费者提供互联网接入服务。由于有效的营销（如在全国范围内广泛分发可免费安装的光盘）和用户体验的便捷性最大化，像美国在线这样的 ISP 开始主导市场。美国在线及其他类似公司充当了用户与实际开放互联网之间的中介平台：用友善的声音欢迎你并告知你有邮件，通过对用户友好的设计使聊天和即时通信变得容易。它们还提供大量 ISP 中心化系统内的专有内容，以及通往开放互联网的网页浏览器。

这类容纳用户的平台最初是按分钟计费，之后是采取可无限量使用的订阅模式，而互联网本身是开放和免费的。这些平台还能够收集大量关于用户活动的数据，从用户身份信息，到随着电子商务兴起而出现的购物偏好，再到用户发送的真实消息。消费者在使用互联网时不知不觉养成了某些习惯，这些习惯涉及成本、中心化和隐私保护方面的妥协，即消费者在享受互联网便利的同时，可能在不经意间承担了更高的成本、数据采集和隐私泄露的风险。

到了 20 世纪 90 年代末，美国在线成为美国最大的 ISP，对于很大一部分美国在线客户来说，它几乎就是互联网的代名词。与此同时，真正开放的互联网仍在不断前进。在基础设施方面，宽带技术的进步意味着互联网变得越来越容易永久在线，不再需要拨号，速度也更快。这不只是针对机构和商业客户，对于普通消费者而言也是如此。在内容方面，电话公司和有线电视公司提供的宽带接入使美国在线的拨号服务基本过时，搜索技术的发展消除了对美国在线保护性中介服务的需求。

人们建立了越来越多的网站，但是怎样才能找到它们呢？在早期，互联网有门户网站，也就是包含链接列表的目录网站。雅虎最初只是一个被称为“杰里和戴维的万维网指南”的链接列表。随着时间的推移，门户网站被搜索引擎替代，这其中包括 Altavista、Lycos 和雅虎自身。谷歌之所以后发而先至并最终胜出，是因为它的 PageRank 算法比其他搜索引擎更精准。谷歌搜索帮助用户避免了危险和干扰，使用户更容易接入他们正在寻找的网站，让用户无须在封闭的环境中操作就能充分使用互联网。谷歌仅通过一个搜索栏就能使用户拥有流畅的体验，用户数量的增加以及出色的机器学习算法也为它带来了网络规模效应，使它成为互联网巨头。

到了 21 世纪初，社交网络以类似的方式通过简化的用户体验为用户提供了与互联网进行交互的中介方式。虽然像 WordPress 这样的公司能够帮助没有编程技能的用户更容易发布自己的网站，但 MySpace 和其他早期社交媒体网站也帮助绝大部分没有编程技能的人通过标准模板发布具有自主选择的内容和审美特质的网站。从古老的占星术到迈尔斯－布里格斯人格类型测验（MBTI），再到 BuzzFeed 测验，人类一直渴望更了解自己，并找出将这些信息标准化打包并呈现给其他人的方式。社交网络以规模化的方式满足了我们的这种需求：在物理世界中，个人资料可能会在一生中触达数千人，而在比特世界中，个人资料可以一次性触达数百万甚至数十亿人。Facebook 在个人资料呈现上引入了更严格的标准，并可能是在无意的情况下做了一件充满智慧的事情，即进入了最有前景的细分市场之一——哈佛大学的学生。Facebook 最初仅扩展到美国其他常春藤联盟大学，后以其独特的外观吸引了许多学院和个人用户排队加入这个社交俱乐部。

在 21 世纪第一个 10 年，谷歌和 Facebook 等被一些人称为 Web 2.0 标志性企业，而如今我们把 Web 2.0 简称为 Web2。Web2 创建的线上平台吸引了大量用户涌入互联网。目前我们大多数人在这些平台上度过时间，如购物、聊天和学习。

更快的连接速度、不断进步的软硬件基础设施，如 2007 年 iPhone 手机问世催生的移动互联网技术爆炸，带来了互动性的提升，用户现在能够随时随地创建、发布和消费越来越多的内容。吸纳这些用户的公司提供了真正的价值主张，并且在节省时间和金钱、帮助朋友保持联系以及传播知识方面非常有效：我们不再需要到访多个图书馆和书店，就可以立即在亚马逊上订购任何想要的书籍；维基百科上的信息可以一键呈现，并且获得了如此多的贡献和修订，以至于准确性与《大英百科全书》[2] 不相上下；在失去联系几十年后，Facebook 用户不用花费数小时翻阅充满灰尘的电话簿，就可以重新联系到他们童年时的朋友，无论他们居住在哪里；新一代支付和电子商务公司（如 PayPal 和后来的 Shopify）的出现带来了安全的结账系统，即使是那些最担心泄漏信用卡信息的人也变成了狂热的在线购物者。每个平台都想吸引尽可能多的互联网用户，它们利用收集到的数据，使它们提供的用户体验易于获得且所有人都可触达。

谷歌和 Facebook 的创始人甚至比在它们之前的美国在线和 CompuServe 的领导者还多，他们都是年轻的工程师，而不是 Web1 时代黑客们嘲笑的企业和政府员工。他们通过软件创建了更具可扩展性的价值，并在开放的互联网上构建去中心化的技术。但随着不断壮大的组织规模开始吸引来自蓬勃发展的硅谷风险投资行业的投资者，这些年轻的工程师开始面临商业压力。换句话说，他们需要让不断增长的公司价值变现，而对于变现问题，他们和投资者一致认为最佳答案就是广告。与向用户收取订阅费不同，用户本身被视为产品，用户数据被筛选、分类和销售，广告商通过用户在线产生的数据以极高的精确度来锁定目标客户。为了如今互联网所带来的显著好处，我们愿意付出这个代价。

谷歌和 Facebook 建立在开放的互联网上，而不像美国在线和 CompuServe 那样在用户与互联网之间创建封闭的环境。一旦用户进入谷歌和 Facebook 的网站，它们就可以收集这些用户的数据，并将其保存在公司拥有的中央数据库中，而不是公开这些数据，使其在互联网上可见和可用。这些数据孤岛是一种新型的围墙花园，用户不会意识到自己被追踪或者个人数据被收集。同时，Facebook 用户可以自由地输入个人偏好（尤其是在早期），比如列出自己最喜欢的电影和书籍，并通过在平台上的活动，比如查看其他个人资料、添加好友、互相戳一戳等，来建立一个自己并不知道的无主数据库。谷歌悄无声息的用户数据收集方式与 Facebook 类似：谷歌的数据收集引擎在后台静默地运行，收集关于用户搜索的信息，而且一旦用户登录、收发邮件或动用其他谷歌的功能，用户的个人身份信息也会被收集。

谷歌和 Facebook 对用户的个人信息（如他们的兴趣、使用平台的方式以及购买行为）进行了深入的了解，从而有效地优化了各自平台的用户体验，诱导用户在平台上花费更多的时间，并通过向用户展示广告来将这些时间最大化地变现。广告商或任何希望通过付费来向人们传达信息的人，有史以来第一次可以按照地理位置、年龄、收入、偏好或其他识别符号来接触几乎任何人。

到了 21 世纪 20 年代，谷歌和 Facebook 成功颠覆了以往报纸、杂志和电视台主导的广告市场，因为它们能够提供更直接接触用户的渠道、更精准的个人数据以及规模化带来的低费率。就好像昔日的报童们决定联合起来要求获得订阅价值的大部分份额一样，因为他们才是直接接触广告受众的人，这在媒体行业被称为“眼球”，而 Facebook 和谷歌实际上正是在利用这种稀缺资源变现。

那些依赖广告的传统媒体已经走到了尽头，大部分数字媒体也是如此。它们的丧钟之所以敲响，是因为它们依赖谷歌和 Facebook 来建立自己的受众渠道，并将发行权交给了这些它们天真地认为与自己有共同利益的新型中介平台。如今，除了电视这个行业还在坚持，基于广告的编辑型媒体几乎完全消亡，还能幸存的媒体公司是像《纽约时报》和《华尔街日报》这样的传统品牌，它们能够收取订阅费，依靠亿万富翁或特殊利益团体的资助来达到其自身目的，因而不需要盈利。

很难说年轻的谷歌和 Facebook 工程师创始人是否意识到他们正在产生负面影响。他们都是大公司的高管，有增加投资人股票价值的受托责任。谷歌足够重视这个问题，曾采用非正式的座右铭“不作恶”（2018年放弃使用），并且通过将全球信息索引化、使其系统地让用户发现的方式，为数十亿人的生活增加了正面价值。同样，Facebook 的创始人扎克伯格坚称，实现人与人之间的相互联结本质上是一种社会福利。的确如此，世界各地遭受罕见疾病困扰的用户可以在 Facebook 群组中找到道义上的支持并筹集资金；在偏远、保守小镇上的非主流青少年可以通过与他人联系，了解到自己并不孤单。毫无疑问，谷歌和 Facebook 使人们的生活更加丰富，它们甚至能够挽救生命。然而，也有强有力的观点认为，像谷歌和 Facebook 这样的公司带来了社会、政治和经济等方面的严重问题。

中心化平台的根本缺陷，社会和政治的混乱

这些技术巨头带来的严重问题被视为 Web2 的“问题儿童”（在这里我只会简要提及与 Web3 有关的问题）。从社会角度来看，很明显，

这些平台的利益与个人用户的利益根本不一致。让我们想象一下，一个 Facebook 用户希望过一种平衡的生活，睡觉、吃饭、工作、使用 Facebook，以及与朋友和家人共度时光。但是 Facebook 公司更希望用户在 Facebook 上花费更多时间：让他们逃避自己的职责，不断打扰他们的家庭晚餐，诱导他们晚上熬夜到不健康的程度……从而充分挖掘用户数据并利用广告进行变现。社交网络对心理健康的影响也越来越令人担忧。比如，对于一个生活在美国纽约州哈德逊河河畔的波基普西市（Poughkeepsie）、正在经历青春尴尬期的女孩来说，在网络平台上把自己和伦敦超模进行比较似乎并不合理，但这个平台提供的资讯经过了机器的优化，因此比《人物》（*People*）杂志更能让她无法转移视线。

从政治角度来看，Facebook 和谷歌也存在问题。这些平台上的大量受众可能被那些故意操纵公众舆论的敌对国家或是身份不明的广告商所接触。付费广告只是问题的一部分。在 Web2 社交媒体平台上，机器人和“点击农场”[①] 在内容分享和加入群组这些活动中所占的比例是未知的。控制可发现性和可见性的算法往往更倾向于优先展示那些能引发强烈情绪而不是最具事实准确性的内容。尤瓦尔·赫拉利（Yuval Harari）等思想家担心，不断优化的机器学习算法将比我们更了解自己，从而破坏民主的基本理念：每个公民都有自己天然的观点，而治理的最佳方式是发掘并广泛倾听大多数人的意见。如果我们的生活被算法操控到个人观点不再真正属于我们自己，那么民主的基本单元，即知情公民还能存在吗？

尽管 Web1 为开放、可访问的信息共享系统奠定了基础，但 Web2 平台为股东的利益牺牲了用户的利益，它的商业模式与用户利益背道而

① 点击农场（click farms）是一种可以提高帖子、视频等浏览量，改变电子商务平台搜索结果的黑客操作。——编者注

驰。对于 Web3 社区的早期成员来说，谷歌和 Facebook 的商业模式是 Web2 有缺陷的典型表现。许多早期的 Web3 创始人之所以构想自己的项目就是为了纠正这种网络缺陷。网络的原本意图是共享个人数据，但这种意图已经被扭曲：将个人数据集中在围墙花园里并且将用户隔离在价值流动之外，只以公司股东受益的方式进行商业模式变现。Web3 的基本逻辑是经济公平：如果数十亿个体共同创造了一个公司正在用它变现的数据产品，那么他们难道不应该从货币化数据资产产生的价值中获益吗？Web2 公司可能会辩解道，个体用户已经同意了以这种方式使用他们数据的服务条款。但某件事在名义上是合法的，并不意味着它是公平的，而这种不公平的经济后果正在日益显现。

经济学中的帕累托分布指的是，在一个系统中，赢家随着时间的推移积累的价值越来越多，而输家失去的越来越多，导致二者之间差距不断扩大，最终达到一个平衡状态，即最顶端的 20% 的人持有 80% 的价值。自然界中的许多系统都显示出帕累托分布的形态，例如通过根系向植物分配水分，最健康的部分变得越来越健康，而最不健康的部分逐渐死亡。这有时被称为“赢家通吃”，有时被称为“马太效应”。“马太效应”一词源自《马太福音》中的一节经文：“凡有的，还要加给他，叫他有余；没有的，连他所有的也要夺过来。”

无论是在 YouTube 上观看视频的频率、在 Spotify 上播放音乐的次数，还是在亚马逊上引导买家到店铺消费的情况，帕累托分布逐渐在各平台显现，是 Web2 平台最引人注目的影响之一。以 Spotify 上的音乐家为例：如果获取听众的主要途径是 Spotify，而数亿听众正在通过算法和精选播放列表在 Spotify 上收听音乐，那么最受欢迎的一小部分音乐家将在总播放量中占据越来越大的比例，同时获得来自平台的经济回报。进入热门播放列表并吸引算法关注的门槛要远高于吸引本地音乐节目主持人的注意力。近一步地，如果 Spotify 几乎垄断了流媒体的需求，它就能够充当音乐家与听众之间的媒介，从而只为音乐家提供很少的报酬。考虑到唱片公司还要拿走自己的收入抽成，如此一来音乐家只能留下相对较少的比例。

对于顶级流媒体艺术家来说，即使按照上述比例分成仍可能是有利可图的，但对于新兴或小众艺术家来说，如此低的比例可能导致他们入不敷出。他们无法直接从音乐销售或流媒体中获利，从而被迫寻求其他收入来源，如巡演、商品销售、订阅式赞助。相较于直接在网络上免费提供无数音乐作品的 Web2 时代，流媒体可能给艺术家带来更多收入。在 Web2 时代，用户可以免费获取内容并在设备上使用，这既丰富了存储这些文件的网络（并向下载者展示广告），也使像苹果这样的科技公司受益。然而，目前 Spotify 的模式并不能使许多音乐家享受到中产阶级的收入，尽管它从大量认为自己必须参与到当今主流音乐市场的音乐家的贡献中获益。Web2 成功创造了各种各样的内容，强化了帕累托分布，同时将利润汇集到那些主导这些高效数字网络的人手里。[3]

无论公平与否，是必然结果还是群体智慧的失败，Web2 商业模式的经济影响力加速了帕累托分布的层级化：首先，通过将用户产品化，一小部分 Web2 投资人和企业高管实现了非凡的财富；其次，通过垄断注意力和需求，中介获取了大量佣金；最后，对于不太受欢迎的创作者来说，他们更难被用户注意到，也更难获得报酬。

Web2 是如何偏离 Web1 设计者初衷的呢？部分原因在于 Web2 的商业模式所能实现的市场吸引力。改名为 Alphabet 的谷歌和改名为 Meta 的 Facebook，他们的收入仍然分别有 81% 和 97% 来自广告。[4] 然而，这种商业模式最初被采用的原因可以指向 Web1 的一个核心缺陷。

尽管 DNS、BGP 和 TCP/IP 等互联网基础协议的设计本质是去中心化的（面对恶意行为者时除外），但位于最上层的应用层本质上是中心化的，它集中于创建应用程序的企业服务器上。如果去中心化的协议层无法变现，就需要在去中心化的架构之上构建中心化的商业模式以获取价值。

事实上，互联网的最初设计者对变现有过自己的计划。大多数人都点击过一个错误链接并遇到 HTTP 状态码 404，即“未找到”。然而，至今还没有人见过状态码 402，即“需要付款”，这在网络协议标准中仍被描述为“保留待将来使用”。[5] 在互联网的基础协议 HTTP 中将这个错误编码化，表明早期的互联网创造者打算构建一个互联网原生的支付层，该支付层将位于 TCP/IP 上方的 HTTP 层（HTTP 包含响应码为 404 和 402 等的协议），但他们并未完成这项工作。

如果他们实现了这个计划，历史可能会完全不同。这可能意味着没有 PayPal 或 Stripe，没有任何新的中介机构或银行可以从在线支付中抽取价值，或者广告的商业模式会更少，因为支付本身已经内置于互联网中。一个具有流动性和高效原生支付功能的互联网的想法激发了第一批 Web3 建设者的想象力。**在构建 Web3 时，他们并不是在创造全新的东西，而是使互联网实现其最初的愿景，纠正历史上被认为是缺陷的地方。**

Web3 Marketing

第 2 章

对“大而不倒”的反抗，比特币和以太坊

2001年9月11日，我在华盛顿特区的一个圣公会女子学校读四年级。在那天上午的英语课上，我们得知一架飞机撞进了纽约的世界贸易中心，因此父母会提前来接我们放学。当时我们还不知道不到10千米外的五角大楼也遭到了袭击。当我和妈妈一起上车时，她哭了，这是我从未见过的情景。“这可能会改变一切，”她说，“我不确定接下来会发生什么。”

21世纪初的20多年里，一系列历史事件的汇合促成了从Web1到Web2的转变。这些事件很可能激发了比特币的发明者，一名化名为中本聪（Satoshi Nakamoto）的人构建了Web3的技术基础。第一个事件是“9·11”恐怖袭击。在冷战结束之后，许多美国人相信了类似于福山的论点——历史已经走到终点，即与以往失败的帝国和超级大国不同，由美国主导的西方秩序将正当地、和平地永久主导世界。他们想当然地认为美国人通过全球化传播民主和资本主义为整个世界带来繁荣，不认为谁会真正反对这一点、反对美国人。

尽管很多异议者早就预言过，但最终还是“9・11”事件打破了许多美国人心中无可比拟的、最后的超级大国神话，并揭示了美国神话中更广泛的裂痕。这使美国人意识到，世界上到处存在意图推翻美国经济、军事和文化主导地位的行动者，这些行动者明显能够利用恐怖主义的不对称优势克服他们人数较少和资源有限的问题。一些美国人意识到，在美国的主导下，世界上的许多人并没有从中受益，而是遭受了苦难，包括许多美国人自己。尽管此次袭击事件之后，人们短期内产生了同情和团结的情感，比如美国国旗贴纸和“我爱纽约”的帽子遍布街头巷尾，但随之而来的是一种不信任的氛围。

《美国爱国者法案》（*USA PATRIOT Act*）被匆匆通过，这表明美国政府与美国公民之间存在极度的不信任，即使美国政府声称在全球范围内捍卫个人权利，但也会将公民视为潜在威胁而时刻进行监视。反过来，布什家族和本・拉登之间关系密切的传言甚嚣尘上，这让公民很难相信政府机构将以他们的最佳利益为出发点。乔治・沃克・布什总统呼吁美国人通过重拾购物热情来维护自己的生活方式（和经济体制），这也只能让人们感受到其中所蕴含的消费主义虚空。

以太坊的联合创始人之一、ConsenSys 创始人约瑟夫・卢宾（Joseph Lubin）曾表示，“9・11”事件发生时，他正在前往曼哈顿市中心办公室的途中，被一团火球追赶着。正是这一刻使他意识到美国的体制可能出现了严重的问题。

> 在成长过程中，我和我认识的每个人都信任社会和我们身处的体制……对我来说，“9・11”事件代表着我们许多人失去个人的天真，也许也代表着一个社会失去了纯真。在接下来 10 年左右的时间里，从雷曼兄弟的破产到以纳税人和房屋主人的利益为代

价对那些“太大而不能倒”的金融机构进行救助，我们汲取了许多教训，看到了许多披露的信息，而这些信息揭示了我们实际上所处的是复杂且往往不健康的环境。许多人发现，相信那些我们直觉上认为会为我们着想的人是愚蠢的。政客、银行家、制药公司、保险公司、汽车公司、医疗机构，他们都更关注赚钱而非我们的福祉。[1]

换句话说，历史又一次重演。有启示意义的是，卢宾能将“9·11”事件的冲击与 2008 年的金融危机联系起来（当时的金融危机对他的冲击并不像对很多人的冲击那么大）。虽然布什政府在“9·11”事件后的几个月甚至几年里使用错误情报来推销全球“反恐战争”（更不用说美国政府与安然公司的密切联系，以及对卡特里娜飓风的无能应对），使自身信誉进一步受到质疑，但美国经济逐渐复苏了。这部分归功于大型金融机构设计的新型金融产品，也部分归功于在 21 世纪初崛起并雄心勃勃的 Facebook、谷歌、亚马逊和甲骨文等新一批软件公司。

20 世纪 90 年代互联网泡沫破裂时，那些吵闹的万金油推销员已经不见踪影了。当时，过于狂热的硅谷向 Pets.com 等公司投入了数十亿美元，押注消费互联网会比现实所允许的速度更快普及。新的科技巨头们认识到，即使互联网使用量每年增长超过 2 000%，也并非每个互联网公司都会成功。他们疯狂地专注于寻找适合市场的产品和变现方式，后者主要是通过数据收集、中介和广告费用来实现的。Facebook 的座右铭是“快速行动，打破陈规”，而 Web2 科技公司正是这样行事的。但首先显露破裂迹象的是金融行业。

金融机构对风险的追求使它们在 20 世纪 90 年代赚得盆满钵满，直到 90 年代末期科技泡沫破裂，然后市场又在 2002 年至 2008 年间复苏。当市场在 2008 年逆转时，公众被迫承担了经济损失。一个大多数人几乎不能理解的金融体系突然在大众的想象中凝聚成一个内部人士将收益私有化、损失社会化的机器。当西方政府拯救了那些被认为是“太大而不能倒”的机构却不愿让其高管入狱时，美国出现了大规模的民粹主义运动，既有右翼的茶党运动，也有左翼的占领华尔街运动，它们抗议的是自己国家的体制似乎被人在幕后操纵了。尽管这两场运动在很多方面存在显著差异，但他们的努力主要集中在他们自己在当前体制中的权力缺失上。他们认为一旦组织起来，人数上的优势将使他们掌控、削弱、分解或重新组织这个体制。然而这两个运动都没有意识到，一个对当前体制构成更根本性挑战的力量正在地球上某个不知名的角落悄然建立起来。

中本聪发布比特币白皮书，Web3 由此开始

2008 年 10 月，一个自称中本聪的个人或团体在互联网上发布了最初的比特币白皮书《比特币：一种点对点的电子现金系统》(*Bitcoin: A Peer-to-Peer Electronic Cash System*)。此前已经有过在国家政府管辖之外创建大、小规模数字货币的尝试，但大多由于尚未广泛采用而失败，或者被那些保护自己对本国货币拥有单方面控制权的政府机构所扼杀。

比特币白皮书描述了一种由分布式账本支持的货币，奠定了区块链技术的基础。[2] 其工作原理如下：世界各地的许多联网计算机（即节点）各自维护着一个持续更新的账本副本。你可以从逻辑上把区块链理解为存储着地址（即唯一的数字和字母字符串）、每个地址控制的比特币数量以

及每个地址过去交易的比特币。[①] 每个地址都与一个由公钥加密保护的钱包相关联：比特币通过公开可见的地址进行发送和接收，地址 / 钱包的所有者通过使用私钥来验证对钱包的访问（以及使用其中比特币的权限）。私钥类似于密码，是一串独立的数字和字母，用户应该保密。尽管“钱包”这个术语暗示了它存储了实际的比特币，但加密货币钱包实际上是指这些公钥和私钥，或者可以进一步指与安全存储和使用这些密钥相关的硬件或软件，用以访问和交易与特定地址相关联的货币。比特币本身仅作为账本上的条目存在。

每当比特币区块链处理一个新的区块，即在一定时间内产生的新交易数据以及将该区块与之前的区块连接起来的加密数据，就需要将相关记录添加到账本中，网络中的节点就会更新其账本状态以反映新的实际情况。修改一个区块中的数据几乎是不可能的，因为这将需要改变区块链中紧随其后的所有区块，而这又需要网络中所有节点达成共识。网络通过区块挖矿的机制来保护自己，以防止任何参与者恶意操纵账本。每当出现一个新的区块时，运行节点的计算机（称为矿工）就会利用它们的计算能力（称为哈希算力）来解决一个复杂的数学问题。区块解决方案需要进行大量的哈希计算，使其极难被复制，因此不太可能伪造任何数量的区块，从而确保了网络的安全。作为这项服务的回报，矿工会从该区块中获得比特币，这被称为区块奖励。

任何试图解决账本错误状态的计算机（例如试图声称某个钱包拥有比实际持有更多的比特币），都将被其他计算机投票否决，也无资格获得比

① 有关区块链工作原理的完整技术处理方式，即所谓的 UTXO（未花费的交易输出），具体可参阅安德烈亚斯·安东波罗斯（Andreas Antonopoulos）所著《精通区块链编程》（*Mastering Bitcoin*）。

特币奖励。因为每台计算机都在贡献哈希算力以完成工作，这就是被称为挖矿的工作量证明（Proof-of-Work,PoW）。PoW 巧妙地解决了公共产品中普遍存在的个人利益与群体利益相对立的“公地悲剧”问题。通过区块奖励这种个体激励，矿工们保护了比特币网络的安全，从而使每个人受益。这种精妙的设计将所有网络参与者的激励统一到维护准确账本的共同目标上。

当然，除非一名或一组矿工控制了网络上超过一半的哈希算力。这被称为“51% 攻击”，即个人或团体可以恶意行事，通过双重支付货币或阻止真实交易得到确认，来阻碍网络的正常运行。这是比特币在理论上的一个漏洞，但是对于任何一名有动机的参与者来说，要控制超过 50% 的比特币哈希算力都是非常昂贵的。然而，此类攻击已经摧毁了许多较小的网络。如此高比例的参与者合谋去操纵比特币系统，这几乎是不可能的，因此比特币网络可以以一种被描述为“无需信任”或“最小化信任”的方式运作：没有任何一名参与者需要了解或信任其他参与者。

很少有人愿意在没有信任的情况下进行有价值的金融交易。传统体系中的银行和其他金融中介机构可以获取价值并促成交易的原因，是它们为交易各方提供了信任保障。每个交易方都不信任对方，但他们都信任银行。比特币以更低廉、可扩展和自动化的方式为交易方提供了与银行相同甚至更高程度的信任。**从根本上说，比特币白皮书为第一种自动运行的安全数字货币提供了可靠的设计，由软件来进行管理，而不是由一群人随意决定。这标志着 Web3 的开始，其影响力是不可估量的。**

比特币区块链的第一个区块被称为创世区块，于 2009 年 1 月 3 日上线。中本聪将他的学术理论付诸实践，推出了比特币网络。有了比特币，任何钱包持有人都可以以完全点对点的方式与其他人进行比特币交易，而无需像银行这样的中介机构。如今的 Web2 支付应用程序，例如 PayPal 和 Venmo 给人的印象是可以进行点对点交易。然而，事实并非如此，它们的用户体验掩盖了这样的事实：支付服务平台实际上作为类似于银行的中介参与交易并收取费用。在比特币网络中，没有真正的中介。用户直接进行交易。虽然存在比特币交易费用，但目前这些费用非常低，且区块奖励足够高，以确保矿工继续挖矿。这使得比特币网络比银行更便宜。最终，当所有比特币都被挖完，比特币网络将依赖于向矿工支付的费用。

由于区块链具有抗审查性，因此存在的一个缺点是，发送到错误地址或在被迫情况下发送的交易无法撤销。在像比特币这样真正去中心化的网络中，没有任何管理机构有权酌情改变账本的状态。这个缺点也可以看作区块链的一个核心优势。银行可以出于其自身的商业目的或迫于政府压力而冻结账户或交易，这样一来，在银行保管的资产并不真正属于个人，因为它持续受到审查的影响。然而，比特币钱包具有自主权，用户直接通过私钥持有自己的财产，对自己财产享有完全的控制权。在一个越来越受到监视的世界中，不仅通信，连金融交易都在网络上受到密切监控，自主权钱包是保护匿名金融隐私和资产控制的解决方案。

此外，拥有货币发行控制权的当局可以自由选择增加货币供应，也许是为了资助战争或受欢迎的社会福利计划，但最终该货币会贬值并面临通货膨胀的风险。这正是中本聪试图防止的情景，他并非像黑客一样入侵美联储或摧毁传统的金融系统，而是建立一个可行的相邻系统作为人们可以选择的替代方案，该系统由具有由代码来管理的透明规则和固定的 2 100 万比特币供应量组成。

中本聪将这一意图体现在创世区块中。在几行代码之间，他们刻上来自《泰晤士报》新闻标题的几个词：“2009年1月3日，财政大臣正处于实施第二轮银行紧急援助的边缘。”[3]无须多言，比特币将成为另一种金融体系的基础，在这种体系中，没有任何一群人可以像2008年金融危机后那样，在闭门会议中决定将收益私有化、损失社会化。比特币是一个从失败体系中崛起的希望灯塔，它抗审查、点对点交易和加密安全性的特点将使它变得极有价值。

比特币白皮书和随后推出比特币网络的消息并没有传到我所在的哥伦比亚大学，那时我是一名大一学生。我并不孤单。人类经济基础在运转方式上的巨变并没有打扰到我花费精力学习英文和统计学。一小群狂热者在黑客留言板上发现了比特币，而我则忙于研究回归分析和解读普鲁斯特①的小玛德莱娜蛋糕对于童年珍贵时光的意义。学者、黑客和计算机科学家组成了一个形形色色、开始持怀疑态度但后来日益确信的比特币支持者群体，他们随着比特币价格的波动，以“HODL”②互相鼓励。

Silk Road的破产与硅谷风投资本的加入

在2011年，也就是我大三的时候，随着Silk Road的破产，比特币走出了聪明的互联网怪人和计算机极客的领域，摆脱了低廉的价格，进入

① 在法国文学巨匠普鲁斯特的《追忆似水年华》首卷《在斯万家那边》中，一块玛德莱娜蛋糕唤起了普鲁斯特的愉快回忆。神经科学家乔纳·莱勒（Jonah Lehrer）在《普鲁斯特找到了记忆的秘密》中展示了艺术是如何早于神经科学发现人类思维和创造力真谛的。该书已由湛庐引进，浙江科学技术出版社出版。——编者注

② HODL一词起源于2013年比特币论坛上的一个帖子，当时一个用户在讨论他们的比特币投资策略时，错误地将HOLD（持有）输成了HODL。

了包括我在内的公众意识。Silk Road 是一个从事非法交易的市场。该网站的创始人罗斯·乌布利希（Ross Ulbrich，也被称为“恐怖海盗罗伯茨”）被逮捕并因参与洗钱以及加入“连续犯罪企业”（这些指控通常是针对有组织犯罪头目的）被判多项重罪。他现在正在美国联邦监狱服刑，被判处多项终身监禁。

事实证明，早期比特币的使用范围远远超出了帮助大学生获取当时的非法药物，乌布利希还被怀疑策划谋杀。但更有趣的是，许多参与此案的执法人员无法克制自身对比特币的迷恋：调查乌布利希的联邦特工试图从“恐怖海盗”的宝库中窃取非法获得的比特币财富，结果把自己送进了监狱；负责该案的加利福尼亚州检察官凯蒂·豪恩（Katie Haun）则走上了一条辉煌的职业道路，成为 Coinbase、Andreessen Horowitz 公司和她自己的豪恩投资公司（Haun Ventures）的加密货币投资者。

在 Silk Road 案件之后，硅谷的风险投资人对比特币的负面报道并不在意，开始大量投资于比特币钱包的开发，创建美元等法定货币和比特币相互兑换的交易所。随之而来的是价格波动，比特币的价格一度高达 1 238 美元，但在几天内迅速回落至 700 美元以下。那一年，著名的加密市场波动性周期初现，影响了一个规模相对较小的社群。这是一段坎坷的旅程，其中发生了来自日本东京的最大交易所 Mt. Gox 的 744 408 枚比特币被黑客窃取事件，其价值按照今天的价格计算，接近 170 亿美元。然而，比特币区块链仍处于初期阶段，当时 2 100 万枚比特币中仅有 500 万枚被挖掘出来，像 Coinbase 这样规模庞大的交易所直到 2012 年才成立。

布特林创建以太坊，不是“应用程序”而是“应用商店”

当风险投资开始吸引企业家构建比特币钱包和兑换交易所时，一小部分计算机科学家开始追求这种相对简单的应用程序的更多创新。他们在去中心化区块链之上引入了中心化的托管层，破坏了自主权的优势以换取用户友好性。在俄罗斯出生的加拿大少年维塔利克·布特林（Vitalik Buterin）就是其中之一。他是一个对比特币着迷的计算机天才，也是《比特币杂志》（*Bitcoin Magazine*）的联合创始人。

比特币本质上被设计为一个安全的数字货币系统，布特林和其他人试图让它不仅仅可以在网络中传输比特币代币，而是可以做更多的事情。他们将区块链及其催生的替代金融体系视为构建新型金融产品和软件应用程序的基础。通过其去中心化的架构，货币系统不仅可以在没有银行或中央机构的情况下自动、透明地进行管理，还可以产生一系列金融、文化和创意应用。与 Web1 相比，中本聪发明的是“电子邮件”，而包括布特林在内的世界各地的计算机科学家则想要发明“整个互联网”。

这些科学家开始直接在比特币区块链上构建可以扩展其功能的协议和应用。其中包括布特林在内的一群人开发了彩色币（Colored Coins），这可以让用户在比特币系统上操作数字资产，但未能获得广泛的推广。为更好地利用比特币而做出的努力至今仍在持续，其中值得注意的是：伊丽莎白·斯塔克（Elizabeth Stark）主导开发了闪电网络，该网络旨在加快比特币的交易速度，使其能够处理更大的交易量，以及鼓励在比特币上构建应用程序的 Stacks 生态系统。然而最终，布特林决定不在比特币基础上进行开发，而是新创建了一个名为以太坊的全新区块链。

以太坊现在已经是第二大区块链网络，其支持者认为，在比特币区块链上构建复杂应用就像让一只狗直立行走一样，毕竟这个系统本来就不是为实现这种功能而构建的。布特林在 2014 年著名的迈阿密比特币大会上首次介绍了以太坊，像中本聪一样，他也发表了一份白皮书。他提出的新网络不仅是去中心化、抗审查的，而且无需信任，具备点对点交易、加密安全性和由私钥解锁的自主托管钱包等特点，还允许开发人员在网络上上传和执行各种应用程序。

以太坊网络由以太坊虚拟机驱动，该虚拟机执行存储在以太坊区块链上的智能合约程序（有关智能合约的更多信息，请参阅第 3 章关于去中心化应用的部分）。以太坊有原生代币——以太币，但它不仅是一个供个人之间相互发送代币的系统，还是促使节点执行网络上的计算请求的经济激励手段。支付节点执行计算的费用是为了在经济上防止网络被过度使用，对每笔交易收取“燃料费”旨在防止网络像比特币一样因交易过度堵塞而变得缓慢。以太坊不是一个应用程序，而是众所周知的应用商店，是构建互联网上任何需要使用互联网原生货币的应用程序的基础。如果以太坊实现了其承诺，它将实现甚至远远超越 Web1 的最初愿景。

Web3
Marketing

第3章

以太坊向Web3的进化，在区块链上重构任何应用

以太坊改变了一切，这种改变与飞行汽车所带来的改变不同。除了埃隆·马斯克的公司所取得的技术进步外，我对我一生中见证过的最重要的技术进步依然感到失望，因为它们似乎只发生在比特与字节的世界中，而非原子世界。与飞行汽车、太空飞船乃至基因组医学的进步相比，我对以太坊所带来的可能性更感兴趣，因为前者基本上都是产品或商品。虽然这些产品可能是新颖和重要的，但作为用于交换的单个产品，它们仅存在于深层次经济体系的表面。以太坊提供了一个全新的基础架构，用于构建一个替代性经济系统。这个系统不仅具备传统经济体系的所有优势，还新增了去中心化带来的好处，以及在区块链上构建任何具有经济和社会重要性的应用的能力。

从根本上来说，比特币是一个在钱包之间安全转移比特币代币的系统。类似地，以太坊同样允许用户在钱包之间转移以太币。不同之处在于，这种作为货币系统的能力只是以太坊功能的冰山一角。了解以太坊的重要之处在于，它不是一个封闭的特定功能集合，而更像是一种基质或者说是可塑的“黏土”，可用于在数字世界中构建任何涉及价值交换的事物。

自 2015 年以太坊网络推出以来，计算机科学家、开发人员、政府、企业、哲学家、艺术家，以及各行各业的人们都在这一平台上开展了许多关键创新。以太坊的能力并不仅限于目前发展最快的功能，虽然这些功能应该被视为 Web3 建设者工具箱中的必备工具或画家调色板上的颜料，而不是一组有限的选择。如果在撰写本书时的 2022 年，Web3 最具创新性的应用案例不会出现，我也不会感到意外。

不妨再次回到基质或可塑黏土的概念比喻上，我的目标是为不具有技术背景的读者提供有关这种黏土性质的信息，包括它的重量、密度、颜色和矿物组成，以便读者开始塑造他们自己的雕塑，并通过展现目前的最佳雕塑作品及其创作者的创作理念来激发大家的信心。作为本书的读者，你可以成为Web3（最新的、去中心化的、基于区块链的一代网络）的建设者，并有潜力使今天破碎的系统变得更加透明、高效、公平和包容。**Web1 实现了信息获取和分享的民主化，Web2 实现了大规模的使用，而 Web3 则有能力超越过时的、剥削性的 Web2 商业模式，引领实现梦想家所描绘的健康、开放的网络愿景。而我们这一代人，正掌握着塑造 Web3 的权力。**

这个共创的旅程始于对以太坊区块链所支持的关键活动的理解：代币化、dapp、DAO、NFT、DeFi 以及由 Web3 赋能的元宇宙世界。在这一旅途中，我们还将介绍关键技术，包括智能合约、以太坊和比特币的替代品第一层区块链（Layer 1），以及建立在以太坊上的第二层扩展解决方案（Layer 2）。这些技术将应用于金融、基础设施、能源、软件开发、艺术、娱乐和游戏等多个行业的实际应用案例中。

什么是代币化

代币本质上是某物的代表，通常代表价值。人们可以将 1 美元视为 1 个代币，因为它代表了由美国联邦储备系统和财政部监管下的美元货币中的 1 个价值单位。借据（I owe you，IOU）是一种代币，它非正式地代表一个人对另一个人的债务。情感的“代币”是对某人感情的表示，可以具有经济价值，也可能没有任何价值。

比特币是一种代币，它代表着比特币网络上的 1 个价值单位。它与前面提到的其他类型代币的不同之处在于，它位于一个去中心化的区块链之上。与法定货币类似，比特币和以太币这类代币的同质性在于，它们是可互换的，也就是说任何数量的代币都可以与其他相等数量的代币交换，它们是可以永久使用的，并且在人群中被接受的程度日益提高。存储在去中心化区块链上的代币与法定货币相比，还具有额外的好处：它们无需银行或其他中介机构，就可以顺畅地点对点发送。与实物现金相比，它们更容易存储，并且能够在用户的控制下存储；与银行的数字货币相比，还可避免被挑选、被迫或错误地冻结账户或清空资金。此外，得益于区块链，它们比数字法定货币更加开放和透明，并且可以被分割成非常小的数量，这对于某些应用程序（如微支付）尤其有用。

实体货币可以在咖啡柜台或公文包中被转移而不留下痕迹，而每当比特币或以太币从一个钱包发送到另一个钱包时，就会在区块链上生成一条永久且不可改变的交易记录，这些记录会随着每个新区块的加入而更新账本的状态。简单地说，就是记录谁现在拥有什么。虽然数字美元可以被追踪，并且有大型服务器维护着银行、跨国公司和主权国家等参与者的账本状态，但它们易受黑客攻击、人为操纵和系统错误的影响。在两个参与者的交易中，理论上，一方可以声称账本的状态是 x，而另一方可以声称它的状态是 y。因为每个参与者都是在自己的服务器上维护着自己的账本，所以在没有一个中立第三方能提供双方都可以信任的账本的情况下，很难发现真实的状态。银行经常在交易中扮演这个角色，以换取一定比例的交易价值，同时也会支付利息和费用。相反，基于去中心化区块链构建的账本，不是由一群人酌情决定的，而是由全球范围内的节点网络自动维护的，通常成本非常低廉且不需要经过银行，可以作为一个更值得信赖的第三方。区块链账本作为真实性的源头，能准确地追踪代币的流向。

分割（fractionalization）也使基于区块链的代币与法定货币区分开来。与实物货币不同，比特币可以被分割成非常小的单位。虽然 1 美元可以分成 100 美分，但一个比特币可以分成 1 亿个称为“聪”（satoshis）的小单位。以太币几乎可以无限分割：以太币的最小单位称为“微”（wei），一个微等于以太币的一万亿分之一。

分割意味着无论代币的美元价值有多大，在任何以美元计价的价格点上都可以使用它们进行交易。如果一枚比特币的价值为 5 万美元，而用户想要发送价值 50 美元的比特币到另一个钱包，他就可以轻松地发送分割后的比特币。虽然数字美元也可以被分割成小单位，但考虑到中介费用，涉及这些货币面额的大部分交易（例如基于微支付的商业模式）并不合理。代币通过实现零或极低中介费用的点对点交易，为媒体和汇款等行业的微支付模型提供了可行性，并促成了一个全球性的、流动性强且交易摩擦小的市场。

与法定货币类似，但与之前的数字货币不同，比特币和以太坊等基于区块链的代币解决了互联网上臭名昭著的“双花问题”（一笔钱花两次）。就像在任何个人计算机上一样，在互联网上可以轻松地创建几乎无限数量的任何文件或数字对象的副本。这使得软件产品具有高效的可扩展性，但其价格受到供需动态的影响，这就给价值体系特别是货币体系带来了问题。如果无限量的货币在市场上流通，也就是说，如果市场上有无限的供应量，那么无论需求有多高，价格都将降低到零。能够无限复制和粘贴的音频文件颠覆了音乐产业，而能够无限复制和粘贴的货币将是一个更大的问题。

区块链以巧妙的方式解决了这个问题，因为代币不是任何人计算机上的文件，它们是账户中的价值单位，其余额是通过去中心化计算机网络的同步共识来确定的。区块链中新的原生代币只会随着每个新区块的产生而引入，不能以其他任何方式生成。新的代币是根据公开的机制自动铸造的。随着新区块的产生，账本更新，网络的新状态证明没有额外的代币被铸造出来。当像比特币或以太币这样的代币被花掉时，即从一个持有者转移到另一个持有者时，根据网络规则它只能被使用一次，并且使用记录会分布在整个网络上，几乎不可能被质疑或更改。如果试图再次使用该代币，将会得到相当于“余额不足”的提示，但这个提示并不是来自中心化的银行，而是来自跟踪账户余额的去中心化区块链网络。

这意味着一个网络的成功在很大程度上依赖于其代码，代码中的错误可能会导致网络的崩溃：一些较新的基于区块链的代币，比如与 Solana 稳定币协议 Cashio 和 DeFi 平台 Acala 相关的代币，曾遭受过“无限量铸币”的攻击，即黑客发现了能够在原本发行计划之外铸造额外代币的漏洞。黑客被巨大的奖励所吸引，因为漏洞带来的可能收益非常可观。像比特币和以太坊这样规模更大的网络已经存在了很多年，其链上的代币价值达到了数十亿美元，已经经受住了那些试图攻击的黑客的无数次实战考验，所以大多数人认为这样的黑客攻击成功的概率是微乎其微的。最终，比特币和以太坊成为最早成功生产数字货币的网络之一，具备了法定货币的核心优势（永久性、可替代性、可接受性）和区块链的附加优势（可追溯性、由代码管理而非人为决定的账本、可分割为小面额）。

然而，以太坊不仅仅是一个数字货币系统，它还是一个计算平台，任何具备适当技能的人都可以使用它来开发自己的代币，并赋予这些代币任何功能。在布特林发布他的白皮书并在 2014 年迈阿密比特币会议上介绍以太坊之后，他和一群因这个项目聚集在一起的合作者（其中一些人后来被称为联合创始人）成立了以太坊基金会，这是一个位于瑞士的非营利基金会，其任务是开发和推出以太坊。由基金会管理开源软件平台的先例已经存在，比如著名的 Linux 基金会。基金会的目标不是营利，而是构建、推出和持续发展以太坊网络的软件。2014 年，以太坊基金会采用浮动比例定价，每个比特币对应 1 337 个以太币，最终通过预售以太币筹集了 1 830 万美元的资金，并用这些资金来建设以太坊。[1]

到 2015 年，约瑟夫·卢宾友好地从以太坊基金会中分离出来，创立了一家营利性软件公司，名为 ConsenSys，旨在通过构建基本工具、服务和公司来推动以太坊的应用。以太坊基金会和 ConsenSys 都继续在以太坊技术上进行创新，最初两者合作密切，共有许多员工和项目。

ConsenSys 的工程师们为构建 ERC-20 代币标准做出了贡献，该标准规定了一种在以太坊区块链上创建新代币并赋予其自身功能的方法。该标准使得几乎任何事物都可以很容易地代币化。因此，目前市值排名前列的加密代币大多数都是 ERC-20 代币。以下是一些代币的使用示例。

- 安全代币的运作模式与其他证券如股票或债券相同。在美国，安全代币只能出售给合格的投资者，或像公开股票向美国证券交易委员会（SEC）申请注册为证券，以避免违反证券法规一样。

- 代币可以用作访问产品或服务的访问密钥，就像在游戏场所，玩家购买代币并使用它们来玩特定的游戏一样。
- 持有治理代币意味着拥有在区块链上直接对群体、DAO 或公司决策进行投票的能力，其投票权的大小取决于代币中预设的治理权限。
- 会员代币用于授予会员资格，例如在线社交群或俱乐部，会员代币持有者可以享受产品或服务的折扣优惠，类似于开市客、山姆超市会员或航空里程积分的数字化等价物。
- 奖励代币用于激励有意义的行为，例如对开源代码库做出贡献、创作内容、参与漏洞赏金计划以帮助测试早期的 dapp，或向他人推荐产品或服务。它们还可以用于回溯性地奖励过去的行为，例如成为某种产品的早期使用者。
- 流动性提供者（liquidity provider，LP）代币是一种广泛存在的代币类型，代表将流动性（即代币化的价值）注入代币池。在去中心化交易所（decentralized exchange，DEX）中，通常允许 DEX 通过提供特定代币来为用户提供服务。用户可以通过自动化做市商（automated market maker，AMM）来访问这种供应，这实质上是将给定代币的供需匹配过程自动化，使用户能够直接进行代币交易，而无需中介机构。用户提供流动性后会获得 LP 代币，该代币代表他们对所提供的流动性具有权益。如果其底层流动性的参数不利，作为结果，LP 代币的价值也可能会下降。在许多情况下，LP 代币已被证明是一种有利可图的机制，它的使用有助于 DeFi 的平稳运行。

虽然代币有无限的用途，但它们的核心价值始终相同：在有价值的事物周围建立结构（类似于细胞的细胞壁），从而使这个价值在经济系统中得以被表示，并与其他具有经济价值的代币进行交换。以前未能以经济单位来表示的现有价值现在可以被定价和交换，其结果是形成了一个总价值更大的经济体系。同时，并非所有的价值都是财务价值，代币也不一定具有任何经济价值。例如，父母可以出售代币以筹集孩子的生日派对资金。他们可以决定 1 个代币的价格为 5 美元，每个代币可以让 1 位客人参加派对。在门口，他们可以在区块链上验证每位客人的钱包中是否至少持有 1 个代币。派对结束后，供需动态将决定父母钱包中作为派对门票的代币是否具有经济价值。很有可能的是，虽然这个代币对于参加派对的家庭来说价值 5 美元，但没有多少人有兴趣以 5 美元，甚至 0.05 美元的价格购买一个陌生孩子的生日派对代币。当然，除非这个孩子很有名气，那么可能会有人有兴趣购买这样的代币作为一件数字纪念品。

许多公司和个人发行代币的目的是捕捉其所带来的经济价值，也就是说，这些代币可以按照其他货币和代币的价值进行定价和交换。然而，仅仅使用基于区块链的代币并不能自动使代币具有价值，只有动态的供需关系才能赋予代币价值。因此，类似于任何其他产品，我们重要的是要考虑代币的价值主张，考虑如何获取这个价值，努力刺激市场需求，并在产品与市场实现匹配之前进行适应性调整。

任何人都可以创建代币，即便编码能力有限。在互联网上，很容易找到使用 ERC-20 以及其他代币标准构建代币的应用程序。这些应用程序构建于不同的区块链上。一旦被挖掘，代币就可以通过多种机制从其源头进行分发。它们可以由创建者以固定的起始价格出售，也可以通过拍卖的方式来确定市场价格。通常，这发生在像 CoinList 这样的中心化代币发行平台上，或者像 Binance 这样的中心化交易所（centralized exchange，CEX）上。

这种类型的发行最初的术语是 ICO，即首次代币发行（initial coin

offering)。代币也可以直接在前面提到的被称为 DEX 的点对点市场上发行，这种发行方式被称为 IDO，即首次 DEX 发行（initial DEX offering，IDO)。代币也可以从它们最初生成的地方发送到任何一组指定的钱包，这被称为“空投”(airdrop)。因为所有过去的交易在公共区块链上都是可见的，所以一个新的 Web3 产品可以将其代币空投给历史上与另一个产品进行过互动的所有用户钱包。链上的任何操作都可能代表与该产品相关的细分市场。

出于填充营销漏斗顶部[①]的考虑，他们可能希望通过这样做去瞄准他们认为对使用其产品感兴趣的特定用户群体。然而，这些投机性的空投可能会将代币分发给那些不关心代币并立即将之出售的用户。因此，一些项目选择进行追溯性分发，即根据用户钱包与其产品的互动历史来分发代币，按照用户使用产品的程度或他们选定的任何指标来按比例分配。如果一个人以前使用过该产品，那么他们很有可能会对该产品感兴趣，并且可能更愿意持有他们的代币或购买更多代币以获得内置在代币中的任意功能，如治理权、折扣、未来奖励、平台使用权、分享上涨收益等。用户钱包可以通过空投方式接收追溯性分发的代币，用户也可以主动将其钱包连接到网站以证明其资格，并领取代币。

有许多种方法可以将代币分发到钱包，正如有多种多样的代币设计方式，并且这些方法具有各种优势。稍后我们将详细权衡这些方法的利弊，重点探讨使用 Web3 工具的技术可能性。需要注意的是，我们描述的所有代币设计和分发方法并非在全球各个司法管辖区都合法。我们刚开始

① “营销漏斗”是本书作者提出的 Web3 营销模型，其中，营销漏斗的顶部是“发现”，是指潜在用户与产品的首次接触，它引导了随后的所有互动。关于营销漏斗的更多阐述参见本书第三部分。——编者注

了解这项技术的能力，但技术的背后是法律。在全球大多数主要市场中，Web3 的监管框架仍处于不断发展的初级阶段。传统公司和 Web2 公司、Web3 原生项目，甚至具有去中心化协议的匿名团队（稍后详述）都建议在推出代币之前咨询具有区块链和加密货币经验的律师，并对自身利益和风险进行权衡。

一旦一家公司或一个项目推出代币，它可以在其注册地的法院以及可能使用该软件的任何地方受到法律的约束。Web3 项目背后的团队也对其代币持有者社区和整个加密社区负责，这种责任虽然没那么正式，但往往同样具有影响力。即使没有法律后果，欺骗社区的团队在 Web3 行业中的声誉也会永久受损，以致无法继续在这个领域工作。但是，并非每个项目都认真对待这种责任。这种状况，再加上发行代币的重大经济激励，导致早期 Web3 出现了大量的骗局，这不仅损害了个别行为者的声誉，也损害了整个行业的声誉。

然而，那些考虑在 Web3 领域工作的新人们如果将“婴儿”和“洗澡水”一起倒掉，将会得不偿失、错失机会。早期的互联网也充斥着骗子，他们试图趁投资者对技术十分狂热时捞一笔快钱。这并不意味着技术本身没有价值，相反，Web3 将彻底改变社会形态和商业模式。投资者和消费者需要并且现在仍然需要自行调查研究以区分真假，而且严谨的技术人员和企业家需要付出额外的努力，以向消费者和潜在支持者证明自己的可信度。随着时间的推移，有价值的互联网公司将会涌现，最终建立起来的市场和法律框架将会淘汰不良的想法、骗子和违法者。同样的演化过程今天正在 Web3 中发生着。

那些关心 Web3 未来的人应该明白，在如今仍不成熟的 Web3 生态系统中，他们的行动将会影响那些试图利用这些工具进行建设的其他人。

不良行为者将会增加全面、严厉监管的可能性，从而扼杀新兴经济领域中的创新，而这正是极少数真正增长的领域之一，尤其是在后工业化的西方。他们让潜在用户犹豫不决甚至不愿采用高质量的 Web3 创新，从而减缓了 Web3 的发展。然而，由于我们目前处于早期阶段，那些真诚致力于利用 Web3 解决重要问题的构建者、投资者和创作者也能对 Web3 的整体可信度产生更多积极影响，加速其应用，并使监管机构采取更加成熟的监管方式，以便更好地看到 Web3 所带来的益处，并且对其进行保护。从这个角度出发，Web3 的未来掌握在本书读者的手中。

重要的是，并非每个 Web3 项目都需要与 NFT 相关联，比如 MetaMask 这样广泛使用的产品。本书后续章节中的大部分 Web3 营销策略既适用于有代币的项目，也适用于没有代币的项目，营销人员在利用 Web3 构建激励对齐机制和建设 Web3 社区时，可以选择使用代币或不使用代币。在某些情况下，代币是有力的工具。

什么是 dapp

以太坊和其他较新的区块链网络使用户无须手动执行交易。个人可以使用私钥访问自己的钱包并将资金发送到任何自己想发送的地方，但是，得益于智能合约（Smart contracts）技术，应用程序被设定为在满足指定条件时才能分发代币。智能合约既不智能，也不是合约。它们基本上是用代码表达的“如果 - 就”（if-then）语句。例如，一个智能合约可以编程为：如果 Weather.com 显示旧金山的天气在本周二太平洋标准时间上午 9 点超过 15.6 摄氏度，那么就从特定钱包向另一个钱包发送 1 个以太币。在这种情况下，Weather.com（与像 Chainlink 这样的协议配对，实际上会将链外数据引入区块链中使用）是预言机的一部分，预言机是智能合约中现实世界数据的提供者，它决定了智能合约的执行方式。

没有人需要手动检查Weather.com或使用私钥访问持有代币的钱包。如果条件满足，智能合约将自动执行。将这种逻辑向外推演到许多不同的业务上，通过各种条件（如果 x 发生，就执行 y 操作）的相互关联，你就可以拥有一个涉及代币的可以处理几乎任何任务的应用程序。dapp 是由旨在实现特定目的的、相互连接的、由智能合约构成的网络。它们可以用于借贷，在体育比赛、总统选举或天气等任何事件上下注，或用于访问任何类型的代币化产品或服务。在 dapp 中，代币被用于支付，用于所有权或真实性的证明，或用于许多其他的用例。dapp 与 Web2 应用程序的不同之处仅仅是，它是建立在 Web3 去中心化架构之上的。

什么是 DAO

2015 年 7 月，以太坊网络在众筹预售一年后，正式上线了。但由于没有关键的开发者工具和基础设施，没有人能够使用它。以太坊基金会通过以太币筹集了启动所需的资金，但需要一种方式让感兴趣的各方包括基金会、参与以太币预售的科学家、工程师和投资者能够直接从指定的以太币池中为以太坊的创建提供资金，而无须相互披露身份，也无须像传统基金的投资委员会那样实施传统的治理流程。他们构建的原生区块链机制被称为 DAO，它将部署由投资 DAO 的人通过其智能合约发送的以太币池。DAO 是建立在以太坊上的一个 dapp，允许成员按照他们的参与程度来投票决定如何使用池中的以太币。它建立在去中心化的区块链上，自主运行，根据成员在链上的投票结果来部署资金。

但是，DAO存在重大的安全漏洞，其在2016年受到黑客攻击。黑客利用漏洞窃取了DAO中31%的以太币，约占当时流通以太币的5%。[2]这次黑客攻击成为新闻头条，也是以太坊首次登上《华尔街日报》，并初次成为该报的封面故事。

DAO遭受黑客攻击的时候，我刚认识早期的ConsenSys团队。当时我和山姆·卡萨特（Sam Cassatt，三年后我们结婚了）在布鲁克林的一个后院参加烧烤活动，他的祖母打来了电话，说她看到了《华尔街日报》的封面，对此非常担心。有些人担心DAO的黑客攻击会敲响以太坊的丧钟。作为一名专业营销人员，我当时内心想的是，至少以太坊出现在了头条新闻中。尽管报道表面上看起来是负面的，毕竟以太坊遭遇了不幸事件，但它向普通读者展示了以太坊区块链存在黑客愿意费尽心思去窃取的巨大价值。这些报道不仅让数百万人了解了以太坊，还潜移默化地播种了一个观念，即以太坊尽管存在缺陷，但值得人们关注。在DAO遭遇黑客攻击之后，经过一系列紧张的电话会议，大多数以太坊矿工决定将其节点上运行的代码更新为由布特林和他在以太坊基金会的同事设计的新版本，其中包括了对漏洞的修复。少数人选择不这样做，他们不更新自己的代码，而是继续运行原始的以太坊基础代码，并将他们的区块链分支命名为以太坊经典（Ethereum Classic）。

在接下来的几年里，DAO变得不太受欢迎，尽管问题出在具体的执行方式上，而不是DAO的一般概念上。直到2019年，在被称为“加密寒冬”的长期市场回调期间，以太币、比特币和许多小型ERC-20和其他代币（被称为“山寨币”）的价格从历史最高点暴跌至毁灭性低点。亚明·索莱马尼（Ameen Soleimani，曾是ConsenSys最早的开发者之一）推出了Moloch DAO，重新引领了DAO的发展趋势。

Moloch 是特殊的，因为它不仅仅是一个单独的 DAO，还引入了一个可重复使用、可用于构建更多 DAO 的框架，就像 ERC-20 代币标准降低了创建新代币的门槛一样导致新代币的大量涌现。如今，许多 DAO 都使用 Moloch 智能合约，以及后续 DAO 工具项目的子项目（如 DAOStack）提供的其他模板化 DAO 智能合约。这就是开源的力量。

ConsenSys 投资的公司 OpenLaw（现在更名为 Tribute Labs）将开创有限责任自治组织（limited liability autonomous organization，LAO）的先河，这是一个符合美国或国际法律的 DAO 构建模板。像索莱马尼和阿伦・赖特（Aaron Wright，OpenLaw 的创始人）这样的创始人认为，DAO 的声誉受到了黑客攻击的不公平玷污，而熊市的底部是加密市场参与者汇集资源、共同投资创新的绝佳时机。

DAO 目前有许多应用案例，其中最常见的是投资。通过在链上创建一个 DAO，而不是对冲基金或风险投资基金，DAO 的创始人（或根据 Moloch 提出的丰富多彩的词汇，称为召唤者）可以建立一个简单的股本结构（省却了与注册基金相关的费用和麻烦），并制定合理的治理机制（通常是根据 DAO 成员的参与程度进行加权投票）。Moloch DAO 为新成员的加入提供简便的程序：现有 DAO 的民主投票。其他类型的 DAO，如管理 Maker DeFi 协议的 DAO，只需要持有其治理代币即可加入。

与区块链不同的是，在 DAO 中决策不是自动做出的，而是由一群人自行决定。DAO 并没有从决策中排除人的因素。相反，它组织一群人快速高效地建立一个结构，使他们能够按照自主选择的治理规则在链上部署资金。有时候，个人甚至可以匿名参与，不需要透露身份信息。Moloch DAO 合约以及随后推出的许多 DAO 工具还允许成员在任何时候从投资的 DAO 中自行决定提取剩下的未分配资金。Moloch 将这个行为称为“怒撤”（ragequit），其他人简单地称之为“撤回”（withdraw）。在其他的DAO中，比如Maker DAO，成员只须出售他们关联的治理代币（在这种情况下是MKR[①]）就可以退出。

无论是否带有相关有限责任公司或其他实体结构的LAO，通常对于一群人来说，通过DAO配置资金比传统基金更容易，尤其是在部署和投资像代币这样的Web3原生资产时。因此，如今专注于NFT投资等活动的DAO已经持有数十亿美元的资产。Flamingo DAO是由OpenLaw成立的最早的NFT DAO之一，它的成功促使了如PleasrDAO和BeetsDAO等其他受欢迎的NFT DAO的出现。需要注意的是，尽管受到欢迎，但并不是所有的DAO甚至LAO在每个司法管辖区都合法，它们可能会受到现行法律中有关投资工具、加密货币以及Web3新兴监管的限制。

然而，并非每个DAO都需要专注于营利性投资。金巴尔·马斯克（Kimbal Musk）的Big Green DAO和Endaoment利用DAO结构来汇集慈善事业的资金。DAO还可以以购买单一资产为目标，例如2021年成立的ConstitutionDAO，试图以苏富比拍卖的形式购买一份稀有的美国宪法副本。ConstitutionDAO根据其成员参与程度为每个成员发放被称为PEOPLE的可交换代币。尽管该DAO在4 200万美元的竞拍中输给了Citadel对冲基金巨头肯·格里芬（Ken Griffin），PEOPLE代币仍然具有市场价值，因为并非所有成员都选择退出，其中一些人不退出是因为将PEOPLE代币转换为其他代币需要成本，而另一些人是因为他们仍然相信该DAO在链上具有价值。DAO这样的社区除了持有的资产价值之外，还具有内在价值，这一观念在本书关于Web3社区的章节中将重点阐述。

---

① MKR是Maker DAO中的治理代币，持有MKR可以参与投票、发起提案等。——编者注

DAO 的目的之一是治理去中心化协议或 dapp。以 MakerDAO、Compound 和 Aave 等 DeFi 协议为例，这些协议逐渐远离通过单一中心化法律实体进行治理的传统模式，转向由各自社区进行治理的 DAO 结构。去中心化治理有许多好处。首先，如果相关的专家和有能力的用户愿意加入社区，项目需要雇用的人员就会减少；其次，许多 Web3 项目都有这样的理念，即应该按照利益相关者参与项目的比例赋予他们不同程度的决定权。将治理权力从核心团队转移给利益相关者，这并不意味着剥夺了项目经济价值的上涨潜力，因为该项目可能仍持有许多自己的代币。如果项目具有合适的代币经济模型（tokenomics），那么一旦项目成功，这些代币的价值就会增加。通过将经济价值上涨与代币持有者社区的利益相关者结合起来，使代币持有者有权参与治理，基于 DeFi 协议治理 DAO 将可以聚集比它自身更高质量的决策能力。

还有一些法律上的原因，例如避免触犯监管要求，会使某些协议一开始就希望完全没有法律主体，实现完全去中心化和匿名化，或者逐步去中心化，直到可以移除法律主体。如果一个协议只是在互联网上自主运行，由成千上万甚至数百万个钱包共同管理，至少从理论上讲，没有单一的中心化实体或个人能对其活动负责。对这一理论的法律测试已经出现，其结果可能取决于这类项目及其贡献者能够维持的去中心化和匿名化程度。然而，为了利用 DAO 的其他优势，dapp 和去中心化协议无论如何都会选择 DAO 的形式和逐步去中心化的路线。

什么是 NFT

从 2015 年出现的那一天起，以太坊就已经可以实现在其上构建代币和 DAO 的功能。然而，直到开发者创建了技术构建指南，特别是推出 ERC-20 代币标准和 Moloch DAO 智能合约后，在其上构建代币和 DAO 才变得流行。同样地，NFT 一直都可以在以太坊上构建，但是直到 2018 年引入的名为 ERC-721 的新 NFT 标准，才最终催生了 NFT 的实际应用。关于 ERC-721 标准创建背后的故事，即便是那些对互联网有着探索渴望的 Web1 时代的创造者也会觉得有趣，尽管它曾经给早期的加密领域人士带来短暂的困惑。

2017 年，一家名为 Axiom Zen 的加拿大游戏工作室推出了基于以太坊的区块链游戏谜恋猫（CryptoKitties）。谜恋猫是由一系列 NFT 构成的。每个 NFT 都是一只带有不同“猫属性”的卡通猫，包括但不限于大眼睛、蓬松的毛发、三色斑纹、小角、披风和翅膀等属性。玩家可以让两只猫“繁育”以创建新一代的谜恋猫 NFT。这些 NFT 的价值取决于它们的猫属性，有些猫属性很常见，有些却非常稀有。当时规模虽小但不断增长的以太坊社区对谜恋猫非常着迷。我在 ConsenSys 的许多同事的办公室电脑上都开着一个用于交易和繁育谜恋猫的标签页，他们在会议间隙也会玩上一把。

由于人们对谜恋猫的热情如此之高涨，过多的需求导致以太坊网络拥堵，因此其他更为关键的业务类型交易速度变慢，交易的“燃料费”提高。ConsenSys 支持的主要项目、如今无处不在的 Web3 本地钱包 MetaMask 和以太坊基础设施提供商 Infura，以及来自以太坊基金会的开发者都被召集起来，他们合作开展了一系列帮助解决以太坊网络拥堵问题的优化和扩容方案，确保不再发生类似问题。与此同时，稀有的谜恋猫 NFT 的售价达到了六位数。2018 年，在由我担任 ConsenSys 首席营销官期间举办的、以 Web3 文化为重点的第二届以太峰会（Ethereal Summit）期间，《纽约时报》报道了 1 只在慈善拍卖中以 14 万美元售出的谜恋猫。

猫咪在网络上一直以来都很吸引人，但谜恋猫比其他任何在线的猫咪图像或视频都更有价值和吸引力，原因在于它们是 NFT。虽然之前讨论的代币，如比特币和以太币，本质上是数字货币，在数字形式上具有与货币相同的属性（永久性、可替代性、可接受性），但 NFT 故意设计成不可替代的。就像任何 1 美元等同于其他任何 1 美元一样，任何 1 枚比特币等同于其他任何 1 枚比特币。对于持有比特币或美元的人来说，他们得到的具体美元或比特币没有区别。然而，NFT 可以是独特的，除非 NFT 的创建者设计了一定数量的相同 NFT，否则就没有任何一个 NFT 与其他 NFT 相同。有一个很好的类比可以帮助理解可替代代币和 NFT 之间的区别：当你去幼儿园接你的孩子时，他（她）必须是你的孩子，而不是其他任何孩子，你的孩子与其他所有孩子明显存在区别。

1 个 NFT 可以与 1 个内容相关联，例如一张卡通猫的图像、音频、视频或文档。它也可以是徽章、证书或奖牌，使持有者获得其他特权，例如获得奖励、有资格接收其他后续的代币或 NFT、获得参与项目的授权，以及享有按工作获取报酬的权利。NFT 可以代表一个社区的成员身份，比如聊天软件 Discord 的用户可以连接他们的 Web3 钱包（如 MetaMask），以证明他们持有特定的 NFT。一旦证明成功，他们将被允许进入独家在线社区，相当于 Web3 版的私人会所。NFT 可以代表现实或虚拟商品的所有权，例如 Web3 版的收据或鉴定证书。它们可以代表土地所有权证明、成为 DAO 成员的订阅协议、软件许可证。NFT 几乎可以代表任何通过编程实现的事物。与可替代代币类似，NFT 可以通过多种不同的方式分发，如通过网站、市场或点对点购买，通过空投或认领方式分发，或通过追溯性分发以奖励过去的行为。与其他类型的代币和 Web3 结构一样，并非所有的 NFT 设计和分发机制在全球各司法管辖区内都合法，它们可能会受到针对新兴行业的法律和监管框架的约束。

尽管 NFT 可以用与可替代代币类似的方式分发到区块链网络的钱包中，但它在 Web3 价值互联网上具有独特的用途。比特币和以太币等可替代代币可以充当数字货币的角色，作为一种交换媒介方便其他类型价值的定价和交换，但 NFT 是数字化的物品。

一种理解方式是将 NFT 视为消费者可以使用传统货币购买的互联网原生产品。NFT 的用途远不止用作 Twitter 个人头像（尽管这一用途不应被忽视），以向关注者传达自己对 Web3 的了解或购买奢侈品的门路和品味。想象一下，一个人用美元购买一双耐克运动鞋。在 Web3 中，这个人可能会用以太币交换一双耐克运动鞋的 NFT，以供他们在元宇宙[①]的数字分身穿戴。由于存在于去中心化的区块链上，NFT 除了具有物理实体和数字对象之间的明显差异，还可以具备实体运动鞋所没有的功能，比如它们不会像实体运动鞋那样因为磨损而逐渐失去价值。耐克运动鞋 NFT 可能存在一个流动的市场，买家可以随时随地将鞋子以相同或更高的价格转售给另一位买家。在现实世界中，一些稀有的耐克运动鞋确实存在二手市场，但这只占耐克运动鞋市场的一小部分，即使一双磨损的运动鞋可以被转售，转售者通常会收取高额的中介费。大多数磨损的耐克运动鞋只能在二手服装店以与原价相去甚远的价格出售。

因此，NFT 买家只要相信他们购买的 NFT 将来会有其他买家想要，就可以将购买 NFT 视为一种投资，将资金投入 NFT 资产，而不是抱着通常购买普通耐克运动鞋时单纯消耗资金的买家心态。具有投资心态的买家可以放心地在耐克运动鞋 NFT 上花费比普通耐克运动鞋更多的资金。

---

① 我们将在第 4 章中更深入地探讨元宇宙概念，目前可以简单地将其描述为一个融合了物理和数字现实的沉浸式虚拟世界。

耐克运动鞋 NFT 的持有者还可以将该 NFT 分割成微小的部分，每个部分都是可互换的代币，这可能是为了让一个社群拥有所有权，也可能仅仅是为了释放流动性，或者两者兼而有之。有时，分割的 NFT 被用于 DeFi 流动性池，用户可以通过提供流动性来生成 LP 代币，并以此形式获得奖励。在这种情况下，部分之和可能大于整体，被分割的 NFT 的可替代代币总价值可以高于单个 NFT 的价值。对于一些 NFT 系列，这种情况已经发生过，特别是对于 CryptoPunk 而言，它既是首个 NFT 系列之一，也是长期以来市值最高的系列，其中个别 NFT 已经被分割，并在一些最大的流动性池中产生了收益耕作。收益耕作是指通过向 DeFi 协议提供流动性而获得奖励的活动，这些流动性有时会被重新投入多个层面的多个协议中以增加奖励，这种做法可能会产生巨大的年收益率，但也可能具有风险，甚至可能导致资金损失。关于这个问题，我们将在下节“什么是 DeFi”部分详细介绍。

在 DeFi 领域，NFT 的应用远不止分割。许多允许 NFT 持有人以其 NFT 作为抵押物来借贷的工具和平台出现了。尽管艺术行业只是 NFT 的一个应用领域，但它可以对这种实践进行有效的展示。许多从大型画廊或拍卖行（如苏富比和佳士得）购买昂贵艺术品的收藏家会利用他们的收藏品进行贷款，以获取资产流动性，目的是进行他们认为会带来回报的进一步投资。如果这些艺术品的价格被认为足够稳定，例如莫奈或毕加索的作品，那么贷款人愿意提供以艺术品作为抵押物的贷款。苏富比还设有金融服务部门，直接向苏富比的艺术品买家提供贷款，利用他们在评估与艺术资产相关的市场风险方面的专业知识来确定贷款利率。

蓝筹系列 NFT（即那些最受信任、相对价格稳定的系列，例如 CryptoPunk 或 Bored Ape）的持有人同样可以通过将其 NFT 作为抵押物以获得代币的资产流动性。只要 NFT 贷款服务或 dapp 能够准确地评估风险，对借款人和贷款人来说就可能成为一项有利可图的交易。当用户购买 NFT，尤其是那些具有稳定价格的、吸引贷款人的 NFT，他们不仅没有消耗掉用于购买它的代币化资金，还可能解锁一种新的获取价值的途径。考虑到来自 DeFi 的代币化奖励和收益，去中心化区块链上的耐克鞋 NFT 对买家而言可能比实物耐克鞋更有吸引力。

进一步深入我们的案例，对于耐克来说，制作运动鞋 NFT 也是有好处的。在制造实物鞋的过程中，从制造到供应链，从工厂到批发商再到零售点，每个环节都产生前期成本，工厂和分销商是中间商，他们会向耐克收取费用。实物供应链的每个环节都存在丢失、被盗和损坏的风险。与生产实物鞋不同，生产 NFT 除了与图形设计、3D 或虚拟功能相关的成本，几乎不需要特别多的前期成本。耐克运动鞋 NFT 可以不受物质材料、鞋子实用性或重力定律的限制，在设计方面更具创意。只要可穿戴 NFT 符合由 Web3 驱动的元宇宙标准，数字分身就可以穿上它们，那么这款运动鞋就没有理由不能由彩虹、火焰构成，甚至可以允许数字分身在天花板上行走。

耐克制作 NFT 也可能出于商业动机。人们会继续购买实物运动鞋，而耐克也将继续生产实物运动鞋。但通过开始销售 NFT，耐克可以引入一条新的非竞争性产品线，其生产成本与销售价格的比值较小。销售 NFT 不会导致人们购买更少的实物运动鞋，但 NFT 是一种全球即时分销的新型高利润产品。

怀疑者常常想知道，与投机性投资者相比，实用主义消费者为什么要购买耐克运动鞋 NFT。全世界的数字鞋都不能防止人们赤脚行走。但是，这些怀疑者可能不了解任何游戏玩家或新生代儿童。我家里的孩子们总是在节日时给我带来惊喜，他们更喜欢 Fortnite 或 Roblox 游戏中的虚拟资产，而不是实体礼物。但这其实并不令人惊讶，毕竟我们越来越频繁地与数字环境交互，我们自然会渴望获得数字环境中的原生产物。早在 Web3 出现之前，从 Web 早期开始，游戏玩家就为最想拥有的虚拟商品支付了高昂的价格。[3] 他们通常是大趋势下的先行者。时尚、艺术、音乐等领域也正在进驻元宇宙，并在 Web3 驱动的元宇宙中生产 NFT。

事实上，特别是像音乐这样的创意产业，其收入来源受到 Web2 的严重影响，因此这个领域对 Web3 的可能性，尤其是 NFT 获取价值的可能性表现出了极大的兴趣。例如，在设计一个新的 NFT 系列时，创作者可以选择通过编程设置版税，使他们能够在 NFT 初次销售后的每次转售时都获得一定比例的销售价值。这使得创作者能够无限期地从他们作品的成功中获益，与传统的 Web2 范式形成鲜明对比。在传统范式中，中介机构向艺术家支付费用，然后获得整个作品生命周期中的绝大部分收益。虽然并非所有 NFT 系列都设计为向原创作者支付版税，有些还可能会包括支付给其他方的版税，比如创建了 API 的软件公司，但是向创作者提供这种增值潜力只是使 Web3 优于其他创意平台的部分原因。

数字商品的日益流行是比特世界超越原子世界的一个生动例证。然而，NFT 并不一定要与物理世界脱离关系。营销人员将这些贯穿了实体和数字领域的产品称作“数实一体”（phygital）。比如耐克这样的零售商在销售运动鞋 NFT 时，可以让持有者通过线上店或实体店领取一双实体鞋。耐克可以向过去购买过实体鞋的顾客发放外观相似的运动鞋 NFT，这些 NFT 可以被收集和交易，或者装扮元宇宙中的数字分身。NFT 像一个更可靠的收据，可以简单地随任何实体鞋的购买一起提供，通过可证明的真实性和可追溯的所有权链，减少了二手市场上的摩擦和疑虑。

耐克还销售极为稀有且昂贵的运动鞋。说唱歌手德雷克（Drake）

在 2016 年以超过 200 万美元的价格购买了一双纯金的 OVO x Air Jordans，这双鞋虽然形状像运动鞋，但像数字球鞋一样不能穿。大多数珍藏款运动鞋买家都是收藏家，他们也会转售自己的运动鞋，其中一些人可能并不想自己储存运动鞋，以免鞋受到损坏。代表珍藏款运动鞋所有权的 NFT 可以在收藏家之间进行交易，直到收藏家决定进行实物交付。有了 NFT，德雷克就可以防止他的纯金运动鞋因自己的大意或客人的不慎碰撞而丢失或损坏。

随着越来越多不同类型的企业开始制作 NFT 并不断创新，实体商品和数字商品将逐渐融合为“数实一体”。目前已有企业采取了大量行动：宝格丽打破了最薄手表的纪录，推出了 Octo Finissimo Ultra 手表，这款手表仅 1.8 毫米厚，并附带 NFT 以证明其真实性；全球顶级艺术画廊之一的佩斯画廊与艺术家杰夫·库恩斯（Jeff Koons）合作推出了名为“月相”的 NFT 系列项目，该项目用月球着陆器将月球的微型雕塑实物送往月球表面，与登陆月球的微型雕塑相对应的地球雕塑将与随附的 NFT 一起出售。除了艺术和商业领域外，迪拜等地政府已经开始将土地所有权登记到区块链上，这种将权威文件上链的方式，提高了行政效率。

虽然比特世界的创新速度超过了原子世界，但它的势头或许将拉动后者的进步。区块链本身无法伸出手臂抓住现实世界，但通过鼓励所有者保留有价值的物品及其关联的 NFT 等激励机制，以及在现实世界中策略性地放置二维码来获取 NFT，比特世界与原子世界可以交织在一起。

NFT 可以代表价值适中的数字运动鞋，也可以代表价值巨大的数字、实体物品，比如宝格丽的最薄手表以及在 2021 年以惊人的 758 万美元售出的像素头像 CryptoPunk #3100。无论在何种价格范围内，稀缺性是决定 NFT 价值的关键因素。在现实世界中，稀缺性的作用显而易见，例如宝格丽只生产限量的 Octo Finissimo Ultra 腕表。在自由市场中，价格由需求与供应的比例、买方压力与卖方压力决定。在刺激需求的同时限制供应是推动价格上涨的原理。由于 NFT 存在于去中心化区块链上，拥有对“双花问题”的巧妙解决方案，因此 NFT 的创建者可以很轻松地限制数字世界的供应并使其更加稀缺。

对 NFT 持批评态度的人，其实并不了解这项技术，他们想知道为什么买家会为一张 JPEG 图像支付如此高昂的费用，毕竟他们可以通过“右键保存”将图像复制到自己的计算机中，并随意复制图像的数量。如果 NFT 的工作原理是这样的话，供应量将是无限的，无论需求如何，价格都会被推向零。

相反，每个 NFT 都是区块链上的独特代币。随着每个新区块添加到链上，就像比特币和以太币等可替代代币一样，账本会进行更新，不可改变地记录所有 NFT 交易、拥有 NFT 钱包的公共地址以及它们持有的 NFT 种类。虽然任何在线的人都可以右键保存并复制与 NFT 相关的 JPEG 图像，但这并不会在区块链上实际转移 NFT 的所有权。一张 Bored Ape 或 CryptoPunk 的 JPEG 图像本身没有转售价值。没有来自区块链上 NFT 历史记录的真实性证明，就没有 DAO 或流动性池对该 JPEG 图像的需求。仅仅将 Bored Ape 图像复制为自己的 Twitter 头像并没有任何独特性，因为任何人都可以做同样的事情。真正具有独特性的是 Twitter 在同一张 Bored Ape 图像周围添加的特殊六边形边框，这表明用户已连接了钱包，并且 Twitter 已验证了该 NFT 在区块链上的所有权：这是真正的数字物品。因此，虽然与 NFT 相关的图像容易被复制和保存，并且可能具有一些个人价值或艺术价值，但图像本身并没有市场价值，除非有人试图在 OpenSea 等 NFT 市场上欺骗未接触过该图像的人，但这些市场也在加大打击假冒产品的力度。

购买 NFT 时，核实其所有权链条是否能追溯到正确的原始制作者至关重要。幸运的是，在 OpenSea 和其他市场的用户体验中，这并不难做到，且在链上使用像 EtherScan 这样的区块浏览器也是相当简单的。这是 NFT 相对于实物商品的又一个优势。尽管验证普达拉手袋的真伪有时很困难，但普达拉与阿迪达斯合作推出了自己的 NFT，就可以很轻松地追踪普拉达的 NFT，甚至可以找出原始铸造者的钱包或倒霉的造假者。普拉达的买家也可以做到这一点。奢侈品牌每年因假冒产品损失数十亿美元，而 NFT 轻松地解决了这个问题，使验证任何数字物品的真实性比以往更加容易。

NFT 的许多好处都源于它们存在于去中心化的区块链上。然而，由于 NFT 已经被广泛采用，并受到了媒体的强烈关注（并非危言耸听），因此有两点注意事项需要牢记：第一，一些机会主义创作者开始推出实际并不在区块链上的 NFT；第二，使用哪个区块链来创建特定的 NFT 非常重要，并非所有的区块链都能带来同样的好处。

一般来说，对于 NFT 而言，以太坊和其他与以太坊兼容的区块链比其他更新的区块链更受青睐。首先，较小、较新的平台可能会倒闭，毕竟 90% 的初创公司会失败，而当它们倒闭时，其网络上的代币和价值可能会消失。[4] 其次，以太坊和与之兼容的区块链的另一个重要优势是，基于 DeFi 工具和平台的广泛应用，像 Flamingo 这样具有大量以太币和其他 ERC-20 代币资本的 DAO，提高了市场对 NFT 的需求，使得持有者能够实现流动性并顺利地退出 NFT 的持仓。但这种情况未来可能会有所改变，由于 Solana 和 Flow 等其他网络承诺了更低的手续费或零手续费，与更低价的 NFT 进行交易更为合理。然而，用户可能会被建议确保其 NFT 存在于一个真正去中心化的区块链上，该区块链不易关闭或消失，否则将导致其无法访问自己的资产。

从基本架构层面上看，其他 Layer 1 平台（即基础区块链网络）比以太坊更加中心化，或者说不太去中心化。**在设计区块链网络时，安全性、可扩展性和去中心化之间存在不可避免的取舍，这通常被称为区块链三难困境，最早是由布特林提出的。**作为完整的替代金融系统的基础结算层，以太坊从一开始就是对去中心化的优化。某些网络可能会优化可扩展性，即能够处理更多的交易量、更便宜、更快，但去中心化程度较低，这样的网络更容易被一小部分中心化参与者操纵或关闭。平台的去中心化程度越低，就越可能被冻结、下线或关闭，无论是出于意外、“维护原因”还是受到行政当局的压力。在下线期间，NFT 持有者可能无法访问他们的钱包或自认为持有的价值。可以被冻结或关闭的钱包基本上不具有自主权。“没有私钥就没有加密资产”是这个领域的常见说法，因为除非你拥有访问链上资产的私钥，否则其他人可能会随意移除或销毁它们。

毫无疑问，更便宜、更快的交易和更大规模的可扩展性确实值得期待，更新、更具可扩展性的网络的另一个显著吸引力是在能源使用方面减少了对环境的影响。比特币和以太坊区块链最初都使用了 PoW 挖矿算法，该算法需要大量电力来运行。2022 年 9 月 15 日，以太坊区块链成功地进行了一次计划已久的方向调整，采用了权益证明（proof of stake，PoS）的共识算法，这是一项名为“合并”（Merge）的全球协调的壮举。在 PoS 机制中，计算机不再通过部署哈希算力来解决资源密集型的数学问题，以加密保护网络，而是可以抵押一定数量的以太币，如果它试图错误地描述账本的新状态，这些以太币将被没收。因此，PoS 理论上可以在保持去中心化的同时，实现与 PoW 相同水平的加密安全性，降低以太坊所需的总算力。据估计，“合并”行动使以太坊的能源需求减少了 99% 以上，全球电力消耗可能减少了 0.2%。[5] 在过渡到 PoS 后，持续对以太坊区块链上的 NFT 表示担忧的可持续性倡导者可能并没有意识到他们的问题已经得到了解决。

虽然以太坊“合并”行动成功降低了以太坊的能源需求并带来了其他好处，但转向 PoS 并没有实质性地改善网络的燃料费和可扩展性。分片（shading）作为以太坊的另一项长期改进计划，由于可以同时执行多笔交易，将有助于解决上述问题。

更短期的选择是在以太坊之上引入第二个区块链，即 Layer 2，来降低成本和提高 NFT 交易可扩展性。想象这样一个场景：有一个赌徒在赌场，开始时购买了一叠筹码，玩了 100 局 21 点，然后在回家前结算现金。赌徒不会在每局游戏结束后都结算现金，这样做只会浪费时间。Web3 游戏过程或交易会话也是这样，用户不必在每次交易时都在以太坊 Layer 1 区块链进行结算。参与者可以在以太坊上更具扩展性的 Layer 2 区块链上进行游戏或交易，享受较低运营费用或零运营费用，待会话结束时，再在运行相对较慢的 Layer 1 上进行结算。

以太坊 Layer 2 中最受欢迎的机制是侧链和 Rollup。在领先的 Layer 2 中，Optimism 和 StarkNet 中最受欢迎的是 Rollup，而 Polygon 中最受欢迎的是侧链，尽管 Polygon 套件中的 Polygon Hermez 是一个 Rollup。在 Rollup 中，交易的计算发生在以太坊区块链之外（off-chain，即离链），但表示或证明账本正确状态的标记是在链上的，因此用户无论何时去以太坊区块链结算，用前述赌场案例来做类比，最终状态总是准确的。一旦代币从 Layer 2 桥接回 Layer 1，只要 Layer 2 正确执行了交易，用户就可以进行结算。相比之下，侧链是与以太坊区块链并行的独立区块链网络，因此每当用户想要结算时，他们可以将资产移回 Layer 1。这两种机制都是在 Layer 1 以太坊区块链之上增加可扩展性的有效方式，使用户在任何时候都可以进行结算。

我认为以太坊仍然是 NFT 和 dapp 的首选平台，可以与 Layer 2 解决方案配套使用。以太坊去中心化的首要目标，是使其成为最佳的基础结算层。作为可编程区块链领域的先驱，它获得了网络效应，拥有最多用户、最大流动性池（如 DAO）以适应需求的压力，以及最多样化、最先进的 DeFi 工具。同时，自从过渡到 PoS 以来，它计划通过分片等机制来提高可扩展性。与此同时，越来越多的 NFT，尤其是像 Polygon 这样价格较低的游戏 NFT，将构建在兼容的 Layer 2 平台上，该平台已经因此变得流行起来。

但也有人持有不同观点。正如我们在 Web3 中所说的，要做你自己的研究（do your own research）。请注意：那些宣传其他 Layer 1 区块链（在 Web3 中称为 shilling），以及可替代性代币和 NFT 的人往往是持有这些代币的投资者，他们仅仅是为了“炒作他们的持仓代币”，也就是说，他们是出于个人的经济利益而非真正的信念去试图说服他人自己的立场是正确的。为了透明起见，我承认，我持有以太币、比特币和其他我认为有技术、能力和团队支持的可替代性代币。但我也是一位认真写作关于 Web3 书籍的人，我希望这本书能够为读者提供帮助。你可以选择相信我，也请仍然做你自己的研究。

什么是 DeFi

可以说，比特币是第一个 DeFi 应用。顾名思义，去中心化金融（decentralized finance）是指金融活动发生在去中心化的区块链上，而无须借助像银行这样的中心化机构。比特币首次成功实现了这样一种理念，即在不涉及国家政府或银行中介机构的情况下，就可以构建一个安全的数字货币系统。正如前面所讨论的，比特币的设计使其在很大程度上局限于充当货币的功能。以太坊将超越比特币最初的概念，同样以安全的数字货币为基础，不仅能在网络中实现钱包间的资金转移，还能够实现更多功能，成为一个可替代性金融系统的基础。

传统金融（TradFi）系统不仅仅是一个相互转账的账户网络。它拥有复杂的金融工具和产品网络。证券、债券、商品、房地产和货币是 TradFi 的基本组成部分。从房地产抵押贷款到期货再到衍生品，各种各样的投机产品层层叠加，供投资者借贷和投注。这个行业几乎完全是数字化的，因为全球 92% 的货币只以数字形式存在。[6]

从用户的角度来看，DeFi 的非凡之处不在于将全球金融系统数字化，这似乎已经在 Web2 时代发生了。尽管事实上，购买和销售 TradFi 产品的许多流程仍然以纸质形式存在（即使它们在嘉信理财等交易平台的用户界面中以数字形式呈现）。更确切地说，DeFi 构建了一个与 TradFi 系统并存的可替代性金融系统，为用户提供了避开中介、自主掌控自己资产的选项，此外，用户还能够访问 Web3 技术支持的新型金融应用程序。

罗马并非一日建成的，如今加密货币仅占全球 96.1 万亿美元 GDP 的 1% 左右。[7] 然而，在钱包创建数量、交易数量和体量方面，DeFi 正在快速增长。随着加密货币在全球金融活动中所占比重的不断增加，DeFi 工具和应用将继续增加，并且在与黑客和监管机构的斗争中留下战斗的伤疤。这将导致一些 DeFi 协议的失败，同时使幸存的协议更加强大。最基本的 DeFi 应用允许用户使用他们的代币进行借贷。

Compound、Aave 和 Maker 是最知名的 DeFi 借贷平台。类似于 TradFi 借贷机构，用户可以将特定代币存入共享池并获得利息，或者以代币作为抵押品借入更少数量的代币并支付利息。与 TradFi 不同的是，借款人无须提交申请表或透露信用评分。由于事先在链上提交了抵押品，因此没有用户会被拒绝贷款。整个流程在区块链上自动、透明地进行。这些是构建在智能合约上的 dapp，而不是由一群人在幕后确定利率的自由裁量过程。

DeFi 借贷平台在其网站上公开发布它们提供的特定代币的年化收益率（annual percentage yield，APY）以及其他关键指标，如总锁定价值（total value locked，TVL，即 DeFi 协议所有加密存款的当前价值）。APY 让用户了解他们预期的回报，而较高的 TVL 则提供了一个保证，即其他用户也在使用该平台。DeFi 平台之间通过竞争吸引最多的用户并获得最高的 TVL。TVL 较低的、较新的 DeFi 协议通常没有经过许多代码审计或黑客的实战测试，因此用户可能对参与其中持谨慎态度。然而，较新的平台有时会提供比早成立平台更高的 APY，因此在选择平台时，DeFi 用户可能会在平台风险和收益之间进行权衡。与撤销银行交易不同，当 DeFi 被黑客攻击时，通常没有途径让用户找回其资金。这就是去中心化的代价。

对许多人来说，DeFi 借贷平台上的收益非常值得冒险。Compound、Aave 和 Maker 在原生 Web3 环境里融入了 TradFi 的借贷模式。虽然它们运行的金融机制不同，但由于 Web3 技术的使用，它们有几个共同的关键优势。首先，它们的目标是非托管，这意味着在交易的任何阶段，平台运营者如 Aave 团队无法持有其拥有的钱包中的代币池。在理想情况下，Aave 协议中的资金不会在某个权威机构的要求下被冻结或被平台员工提取。其次，它们是无需许可的，任何拥有钱包和代币的人都可以参与。再次，它们是无需信任的，即无须信任在 Aave 工作的任何个人。Aave 协议是开源代码，任何具备适当技能的人都可以对其进行检查。最后，银行往往通过烦琐的贷款申请流程来限制用户，其中包括“了解你的客户”（know your customer，KYC）和“反洗钱”（anti-money laundering，AML）要求，但 DeFi 平台只需用户按下按钮即可发起贷款申请，这也保护了用户的隐私。DeFi 协议只能看到公开的钱包地址，用户实际上是匿名的，无须透露身份信息。

DeFi 协议从有利于 DAO 利益相关者治理的角度出发，放弃了中心化实体，成为只存在于线上的自动执行软件的一部分。即使监管机构想要关闭这样的协议，从理论上讲也是无法做到的，因为它由去中心化的计算机网络来维护，而不取决于单一的实体或个人。在未来的 10 年里，对 DeFi 进行监管的压力可能会增加。这将导致 DeFi 出现分化，一种是从上到下最大程度地实现去中心化的 DeFi，也就是没有任何人或机构能够在未取得共识的前提下修改编码基础或打开、关闭它；另一种则是存在中心化故障点的 DeFi。带有中心化元素的协议可能会迫于监管压力引入 KYC 或 AML 流程来识别用户，这将破坏隐私和无需许可的优势，同时增加成本和延迟贷款发放的时间。完全去中心化的 DeFi 协议可以避免这些陷阱，通过使用以太坊去中心化合约、像星际文件系统（the InterPlanetary File System，IPFS）这样的解决方案来使文件和数据去中心化，以及通过公共钱包地址来隐藏个人身份信息。[8]

毫不奇怪的是，在 DeFi 协议的创始人中存在一种趋势，即匿名或化名来运营账户。毕竟，如果代码库是开源的，任何人都可以审查，那就没必要让一个值得信任的个人来掌管整个项目。真的是这样吗？尽管匿名和化名，特别是涉及货币交易的匿名和化名，自中本聪以来（以及在此之前很久就出现的黑客和密码学社区）就在 Web3 社区中表现得很重要，但项目领导者仍然承担着比普通用户更大的责任。我们将很快介绍一个最著名的（臭名昭著的）匿名者，SushiSwap 的创始人大厨诺米（Chef Nomi）。

然而，要理解 SushiSwap，我们首先必须介绍 DEX。DEX 是去中心化交易所，它与 CEX（如纽约证券交易所）有着相同的核心目的，即让人们可以买卖股票。不同之处在于，CEX 在每笔交易中起到中间人的角色：跟踪交易情况、保管被交易的股票、收取中介服务费用。DEX 处理的是代币而不是股票，并使用自动化做市商直接匹配代币的供求关系。每笔交易都是点对点的，因此 DEX 在交易过程中从未保管过代币，而是将代币锁定在智能合约中，用户可以从中提取代币。

并非每一个加密货币交易所都是 DEX。许多知名的加密货币交易所，如 Coinbase、Binance 和现已关闭的 FTX 交易所，都远非 DEX。从结构上看，它们更像纽约证券交易所这样的传统交易所，区别在于交易的是代币而不是股票。它们自行保管代币，而不是让用户在自主托管钱包中持有代币。这使用户暴露在中心化的陷阱中，无论是出于操作错误还是公司面临的外部压力，他们的账户都可能会被冻结或关闭。行业中有一个术语称呼这些 CEX 以及像 BlockFi 和 Celsius（两者都曾非常知名但现已倒闭）这样的中心化代币借贷平台，那就是 CeFi（centralized finance），即中心化金融。CeFi 在许多方面更接近 TradFi 而不是 DeFi。它们可能为用户提供了代币投资或收益，但消除了 Web3 带来的任何用户福利。众所周知，它们的客户支持热线经常充斥着账户被随意锁定或冻结的客户。相反，CeFi 公司具有的一个主要优势是它们有能力撤销错误的交易，另一个主要优势是对于没有 MetaMask 等自主托管钱包的新用户来说，CeFi 的用户体验更简单。当新用户进入 Web3 时，他们通常会在 CEX 上购买他们的第一个代币，在了解更多信息后将代币转移到 MetaMask 钱包中，然后开始使用 NFT 或 DeFi 功能。

2020 年夏天，大量新用户涌入 DeFi 领域。这是全球新型冠状病毒感染疫情发生后的第一个夏季，世界各地的人们都被隔离在家中，在没有家庭烧烤或海边旅行的干扰下，他们发现自己有时间去探索一些迅速变化的数字领域。2018 年的加密寒冬在 2019 年跌入谷底后开始解冻，比特币和以太币等代币的价格开始艰难地恢复。可以说，这是加密货币的春天。被困在椅子上的 Web3 开发者们加快了创新的步伐。

很可能是 DeFi 衍生品交易平台 Synthetix 的创始人卡因·沃里克（Kain Warwick）或者 Yearn Finance（该平台的代币是 YFI）的开发者安德烈·克朗杰（Andre Cronje）最早提出了“流动性挖矿”的概念，正如 Web3 的风格，两个人都把这一发明归功于对方。这个概念很简单，即新的 DeFi 协议可以通过奖励那些质押特定代币的用户来吸引流动性。这些协议会将流动性部署到自己的平台上，或像 YFI 一样部署到其他 DeFi 借贷平台上，以赚取收益，并将这些收益作为奖励分配给用户。作为向其中一个流动性池提供流动性的交换，用户将获得代表其对流动性池中资产所有权的 LP 代币。这些代币可以具有治理功能，或者使持有者有权获得独立的治理代币，使他们能够对决策进行投票，例如决定流动性池如何部署以产生收益，以及如何将收益分配给 LP 代币持有者。

Web3 上涌现出许多流动性池，其中许多著名的流动性池都是用食物来命名的。2020 年的夏天被亲切地称为“DeFi 之夏”或“DeFi 食物币之夏”。在 Pickle Finance 和 Yam Finance 等平台上，APY 有时甚至可以飙升到 1 000% 以上。一个大胆的流动性挖矿者可以使用来自一个池（或称为农场）的奖励，并部署流动性到第三方池中以赚取 LP 代币和奖励，以此类推，无限循环。代币化的财富就来了。新一批超级开发者和许多像 Based Finance 这样的热门 DeFi 项目的匿名创始人，开始主导 Twitter 上有关加密货币的讨论。他们的 Discord 服务器涌入了寻找超额回报的人、交易表情包、DeFi 爱好者，以及新的实验性项目。在新冠疫情期间，这些社区成为表情包自由流动的社交生活绿洲。

财富来得快，去得也快。Yam Finance 因为一行代码中的一个漏洞而崩溃。像许多食物币一样，它在没有完成实质性代码审计的情况下就启动了。为了追求高 APY，流动性挖矿者涌入匆忙构建的流动性池，无视网站上对代码未经审计的警示，也无视网站对用户做自己的研究的鼓励。Harvest Finance（其名称是对“流动性挖矿”的一种戏仿）在 2020 年遭受了最严重的黑客攻击，损失了 3 400 万美元的用户资金。[9] 2021 年，DeFi 协议的漏洞造成了高达 22 亿美元的损失。[10]

在 DeFi 食物币之夏，流动性挖矿是一场危险的游戏，但对 Web3 生态系统的整体健康产生了巨大的有益影响。首先，因为不需要许可，几乎所有令人瞠目结舌的代币交易都发生在 DEX 上，这是与 CEX 不同的一点。DEX 上的交易量如此之大，以至于像 Uniswap 这样领先的 DEX 处理的交易量超过了以前被认为是交易量最大的 Coinbase 等顶级 CEX。

DeFi 正在超越 CeFi，这是 Web3 去中心化倡导者的胜利。DEX 开始为向流动性池提供流动性的用户提供“增强”奖励，利用流动性挖矿的趋势，为其 AMM 提供多样化的代币供应。更高的 DEX 使用率为用户带来了更好的体验，他们几乎可以在 DEX 上找到任何他们想要的代币，并且对于具有代币的 Web3 项目来说，即使该代币未在任何 CEX 上市，也可以在 DEX 发行。代币在 CEX 上市的过程是众所周知的缓慢、不透明且耗费心力。有时 CEX 会向项目方索取高昂的费用，这样才会上市他们的代币，因为 CEX 知道自己掌握了发行的权力。来自 DEX 的竞争瓦解了 CEX 的中介地位，为渴望在交易所上市的代币项目提供了另一个更简单的选择。代币项目的营销人员纷纷在 DEX 上建立流动性池以刺激需求。代币开始直接在 DEX 上发行，IDO 因此诞生了。

但是，DEX也无法免于风险。与DeFi协议类似，黑客经常对它们进行攻击。在DeFi食物币之夏期间，DEX之间的交易量竞争达到了戏剧性的高度。现在我们回到前面提及的匿名者大厨诺米身上，他在Uniswap协议的基础上推出了SushiSwap。SushiSwap最初是对Uniswap的克隆，后来又增加了不同的品牌特征和功能。SushiSwap发起了对Uniswap的吸血式攻击，任何持有Uniswap LP代币的人都可以将它们抵押在SushiSwap中，并获得其相应的称为SUSHI的代币。SushiSwap计划将Uniswap LP代币转换为SushiSwap LP代币，从而在根本上窃取Uniswap所有的流动性。这次攻击并未如计划那样成功，但DeFi社区从中学到了一点，即“堕落的收益农民”（degenerate yield farmers，degen），这在赌博意义上是一个贬义词，指的是在下注大量资金之前没有进行尽职调查，但许多人将其视为冒险的荣誉象征，这些人对某个DEX没有太大的忠诚度，特别是如果它使用了类似且经过验证的代码，并提供了获取价值的机会，这些人即便是通过参与具有敌意的行动也要达到自身的目的。

这两个DEX的创始人在Twitter上展开了战斗。最终，Uniswap取得胜利，与其他受欢迎的DEX，如Curve和Balancer一起继续繁荣发展。大厨诺米则颜面扫地，不是因为抄袭了Uniswap的代码，而是因为犯下了更严重的Web3社区价值观错误。在2020年夏末，大厨诺米从SushiSwap的开发者钱包中提取了价值1 400万美元的以太币到个人钱包，这导致惊恐的degen将他们的代币从DEX中撤出，进而导致了SUSHI代币的价格暴跌。大厨诺米犯了一个“抽地毯”（rugpull）错误，这对DeFi创始人来说是最大的罪过：在一个协议上增加交易量或代币价值后，他们突然将代币分配到自己的钱包中，然后消失不见。这些代币通常来自协议自身，但在大厨诺米的案例中，代币来自分配给协议开发者的钱包。

尽管经历了这次风波，SushiSwap 还是在继续运营，但为了恢复用户对该平台的信任，他们将匿名创始人替换为由大多数使用真实姓名而非匿名或化名的人组成的团队。一些 degen 短暂地吸取了教训。协议开发者们也意识到了项目团队使用真实姓名的好处，然而也有其他团队仍然选择以匿名身份运作。大厨诺米在提取资金的 6 天后将所有以太币退还至 SushiSwap 的资金库，他们在 Twitter 上发布了一封道歉声明，并承诺将让 Sushi 社区决定其创始人是否应该获得报酬。然而，社区面临着比给创始人报酬更大的问题，也就是试图支撑代币陷入崩溃的价格的局面。他们投票决定将所有归还的以太币用于购买 SUSHI。这次回购并没有立即成功，但 SushiSwap 还是存活了下来，继续参与交易。截至本书撰写时，即大厨诺米自道歉后的第二天，他就没有再发过声。

考虑到前述的丑闻、黑客攻击和波动性，DeFi 的一个更重要的创新是所谓的稳定币（stablecoin），它通常是一种 ERC-20 代币，其价值与法定货币（通常是美元）的价格挂钩，这可能（或实际上）并不令人惊讶。DeFi 的健康与否取决于构建良好的稳定币的可用性。当人们购买资产时，通常使用价值不会大幅波动的货币。因此，像比特币和以太币这样的浮动加密资产的波动性可能使它们在某些类型的交易和 DeFi 活动中不受欢迎。稳定币相对于法定货币而言更具稳定性，这导致它们对许多 DeFi 产品来说至关重要。它们还允许用户在链上持有代币化的法定货币，而不用向 CEX 支付费用，从而将加密货币转换为法定货币。

一些稳定币的尝试以灾难性失败告终，例如 Terra UST 稳定币及其浮动代币 LUNA，但这是由于其代币经济模型设计不当，而非稳定币的本质概念存在任何缺陷。由 Tether 发行的 USDT 和由 Circle 领导的财团发行的 USDC 是最广泛使用的中心化稳定币。这两种稳定币都是私营公司控制的由资产支持的稳定币。Dai 是 MakerDAO 提供的一款产品，它是最常用的去中心化稳定币。虽然这些组织采取了不同的方法来生产稳定币，但截至本书撰写时，它们都成功地保持了 1 枚硬币的价值等于 1 美元的稳定性。

Web3
Marketing

第4章

Web3使元宇宙成为可能

科幻作家尼尔·斯蒂芬森（Neal Stephenson）[①] 在小说《雪崩》（*Snow Crash*）中创造了“元宇宙”（metaverse）这个词，这是在 Facebook 将自己更名为 Meta 并宣布意图占领同名数字领域的 30 年之前。《雪崩》讲述了一个比萨外卖员小宏在无政府资本主义未来中的故事。小宏是一个业余黑客，他将一群计算机迷、大亨卷入了一系列发生在一个名为“元宇宙”的沉浸式虚拟现实、大型多人在线游戏中。斯蒂芬森比任何人都更早地想到，人们希望将现实世界与虚拟世界融合，并更深入地沉浸于虚拟世界中。事实证明，他的设想是正确的。像《雪崩》和欧内斯特·克莱恩（Ernest Cline）于 2011 年创作的《头号玩家》（*Ready Player One*）这样的经典科幻作品，自然地从当代资本主义跃迁到构想公司在数字领域中争夺控制权和对元宇宙进行商业化的情景。坏人们甚至会为了短期利润而牺牲游戏质量，或者使游戏贵到大多数人无法负担的程度。《头号玩家》

① 科幻作家，被誉为“元宇宙之父”。其系列作品《秋天》、*Termination Shock*、*Zodiac* 等书将由湛庐引进出版。——编者注

的反派角色诺兰・索伦托（Nolan Sorrento）经营着一家名为“创意在线”的公司。“创意在线”公司决定控制开放、可访问的沉浸式游戏世界 OASIS，为年轻人提供一个远离末日现实的避难所，将其私有化并收取高额服务费用。

当像 Facebook 这样的公司创建一个元宇宙世界时，这个公司已经将用户变成了它的产品，同时将用户创造的价值输送给股东们，Web3 社区一眼就能分辨出真实世界中的“创意在线”公司。在 Meta 于 2022 年 4 月宣布向创作者收取 47.5% 的费用之后，将马克・扎克伯格与诺兰・索伦托进行对比的声音越来越响亮。[1] 然而，Web3 更多地专注于构建自己的元宇宙，而且关于元宇宙的确切定义存在着重大分歧并处于持续演变之中。

Web3 可能成为元宇宙的经济基础

与 Web2 游戏或虚拟现实体验不同，Web3 技术使元宇宙成为以利用可替代代币、NFT 甚至 DeFi 来创建内容和价值的开放环境。Web3 驱动的元宇宙的一套通用标准，使资产可以在不同元宇宙之间便携转移。尽管大型巨无霸公司将“元宇宙”作为它们下一个要征服的领域，但对于那些故步自封、难以转变商业模式并应对新挑战的现有企业来说，这可能是一项艰巨的任务。在传统企业和 Web2 企业尝试进入 Web3 领域的努力中，到处充斥着失败的创业项目。Facebook 在 Web3 方面的尝试——Libra 和 Calibra 项目，都以臭名昭著的失败而告终。**在这个竞技场上，现有企业并非总能取胜，更小、更灵活的参与者往往能占据优势。** Web3 元宇宙有可能像《头号玩家》中的年轻主人公韦德・沃兹（Wade Watts）

一样，战胜索伦托和“创意在线”。Web3 有很大机会成为我们选择生活在其中的元宇宙世界的经济基础。

在美国，人们平均每天花费 6 小时访问数字媒体，可以说“现实生活”已经是数字生活和物理生活的混合体。[2] 虚拟现实正在变得越来越沉浸式，不仅是游戏的场所，也包括我们工作的办公室、购物的超市、试衣和购买家具的商场、参加音乐会的音乐厅、观看大型比赛的体育场、日常锻炼的健身房、冥想的安静空间、与朋友社交的咖啡馆和餐厅，以及拜访律师、医生、治疗师、公证人或牧师的地方。从理论上讲，我们可以在虚拟现实世界或元宇宙中度过所有醒着的时间（当然也能在睡眠中收集生理数据，为我们的数字分身准备好下一天）。我尤其偏爱广义定义下的“身处于元宇宙”，指的是每当我们的注意力集中于数字环境或被数字环境所调节时，我们就处于元宇宙中。这包括当我们看着电脑或手机时，虽然这些只是不那么先进和沉浸式的元宇宙。在未来的几年里，我们可能会在更具沉浸感和不那么具有沉浸感的世界之间来回切换，享受由传统设备（如智能手机）和可穿戴设备（头戴式显示器、眼镜、触觉服装、隐形眼镜），甚至身体和大脑的植入物提供的沉浸式体验——虚拟世界与我们的现实世界相互融合。

当我们在 Web2 平台上花费时间时，我们的数据和身份信息被出售给广告商用于变现，但对于我们大多数人来说，日常生活的绝大部分活动仍然发生在 Web2 社交媒体之外（即使不断与之交叉并受其影响）。大多数人不会接受 Web2 的这种商业模式：从我们的在线活动和社交媒体平台上提取数据以获取利润，并向我们投喂改变我们行为的广告，这会让人本能地感觉 Web2 像是一个反乌托邦。而且用户，尤其是在发达的后工业市场中的 Web2 早期使用者，正在对 Web2 商业模式进行越来越深入的了解，并且越来越多地予以拒绝。最近，苹果公司向 iPhone 用户推出了一个选项，可以阻止应用程序（如 Facebook）收集某些个人数据，就证明了这一点。当看到这个选项时，用户只需简单地按下一个按钮。由于有如此多的用户选择了保护隐私，Meta 预计这一变化将使其在 2022 年的广告收入损失 100 亿美元，相当于 Meta 前一年广告收入的 8%（请注意，广告收入占 Meta 2021 年总收入的 97%）。[3]

10 年前，当隐私权倡导者声称用户会坚持个人数据隐私时，遭到了嘲笑。而如今，Web3 将成为我们生活于其中的元宇宙的经济基础这一观点，在怀疑者看来似乎荒谬不已。他们看到像 Meta 这样的公司激进地推动元宇宙建设，并以为现有的巨头总是会获胜，却忘记了公众的偏好可以被正确的用户体验催化而快速改变。用户偏好将在元宇宙中起到重要作用，如果我们要在那里生活，或者我们已经在那里生活，用户就有充分的理由对 Web3 提出要求。

有了合适的经济基础，元宇宙听起来更像是一个乌托邦。创作者和艺术家可以逃离线性的物质经济，摆脱重力和供应链的约束，无限制地发挥他们的想象力。如果他们将自己的作品以 NFT 的形式提供给他人，就可以以较低的门槛出售作品，并接近于获得作品的全部价值。在数字环境中通过创造稀缺性来保持价格水准，轻松监测和举报伪造品和假冒品，并在每次 NFT 转售时收取新的版税，即使在二级市场上出售也是如此。这并不意味着在元宇宙中创建的任何 NFT 都一定具有价值，元宇宙中的价值创造将由所提供作品的供需动态来决定。时间和创造力的内在限制必然会产生稀缺性，而且创作者们的成功程度存在差异。元宇宙并不能保证每个人都能享有丰富的资源，但它确实能为价值创造提供富饶的土壤，为那些具备最佳技能并能契合市场需求的人带来利益，而且使他们摆脱了中间商和入行门槛的限制。受益者将包括平面和 3D 设计师、游戏设计师和游戏公司、本土数字时尚品牌、虚拟房地产开发商以及在 3D 环境中重新设计购物体验的电商先驱等新一代专家群体。

下一个麦迪逊大道

元宇宙有潜力成为下一个罗迪欧大道或麦迪逊大道[①]，实际上，这已经开始发生了。自从 Web2 将大量用户引入互联网以来，线下购物消费额已经在下降。而新冠疫情加速了这一下降趋势，因为实体店购物不仅不方便，而且非常危险。元宇宙的先驱们将设计出对用户更具吸引力的 3D 购物体验，让他们获得元宇宙的原生体验，可以试穿衣物、试体验可视化家具在家中的效果。用户需求将由新的 Web3 原生供应商与能够将自己的品牌扩展到元宇宙的知名传统 Web2 零售商共同满足。在接下来的章节中，我们将关注元宇宙营销，讨论现有品牌如何提取出使其在原始环境中成功的基因，并将其转化到 Web3 环境之中。就像早在 21 世纪初数字化转型的浪潮一样，向 Web3 转型以及进入元宇宙对于许多企业来说是不可避免的下一步。

Web3 驱动的元宇宙已经被各类主要公司和新兴公司开拓。如今最受欢迎的 Web3 驱动的元宇宙是 Sandbox 和 Decentraland，Sandbox 是由 Pixowl 游戏工作室制作的，其母公司是游戏巨头 Animoca Brands，而 Decentraland 是由一个独立的 Web3 爱好者团队开发的。在这两个元宇宙中，用户可以购买用 NFT 代表的土地。这些世界中的土地就像实体土地一样稀缺。拥有土地的用户能够建造建筑并邀请其他用户进入其中。类似于国家，这些世界拥有自己的原生 ERC-20 代币，Sandbox 使用 SAND，Decentraland 使用 MANA，用户可以使用这些代币来铸造和销售 NFT，并在平台上购买产品和服务。这些 NFT 可以在元宇宙之外进行转移，并在开放的 Web3 市场上进行买卖。如果这些元宇宙遵循一套

① 罗迪欧大道和麦迪逊大道分别是洛杉矶和纽约著名的高端购物街，以其奢侈品牌和高端零售商品而闻名。——编者注

共同的标准，它们还可以在不同的元宇宙之间移动。

ERC-20 和 ERC-721 代币标准或 Moloch DAO 智能合约通过制定开发标准催生了代币的大规模增长，同样的道理，开放的元宇宙标准也是推动应用增长的关键。如果开发人员构建了一个可以与其他世界互通并遵循常见资产设计标准的新 Web3 元宇宙，用户就可以放心地在该世界中消费。元宇宙买家通常具有与其他 NFT 买家相同的心态，他们在将价值投资于可以转售的资产，而不只是消耗价值。他们也试图避免被锁定在单一平台上。即使 Web3 元宇宙资产的买家决定停止玩游戏或退出他们购买资产的元宇宙，他们仍然可以在另一个可互操作的元宇宙中使用这些资产。在传统的和 Web2 的游戏中，通过平台获得或购买的有价值资产通常被锁定在该平台上。大多数情况下，Web2 游戏的买家在购买资产时仅消费价值，而不是投资于可以转售的资产。在某些游戏中，资产可以在平台外通过法定货币进行转售，但这些资产只能在该游戏中使用，而不是在潜在的无限游戏和元宇宙中使用。虽然存在着 Web2 游戏原生资产的大型二级市场，但这些市场通常以非正式的 PayPal 和第三方担保服务作为中介，这些中介并不会给游戏公司带来利益，因而游戏公司往往会积极阻止这些市场的出现。

像 Decentraland 和 Sandbox 这样的 Web3 元宇宙更适合被视为小镇，而不是单独的游戏。类似于一个城镇能够吸引更多的居民以实现发展和繁荣，从而能够提供更好的服务和公共产品一样，这些虚拟世界受益于吸引尽可能多的用户、游戏、资产和体验所带来的网络规模效应。它们的经济模型力求与创作者的利益保持一致，并激励他们尽可能提高元宇宙的水平和多样性，吸引更多的用户。它们要尽可能降低创作者进入的门槛，以便创作者能够在它们的平台上构建并接触到现有的买家。Web3 的代币经济模型使项目能够以一种不同的方式捕获其潜在价值的最大份额：这些项目本身持有 MANA 或 SAND 等代币，这些代币的设计目的是随着越来越多人在它们所构建的世界中使用它们而增值。随着用户数量增加，用户对代币的需求随之增加，供需关系的动态变化会推动代币价格上涨。代币价格越高，项目的总价值就越大。项目开发者可以出售储备中的代币来支付团队的工资，以推动项目进一步发展。

大多数 Web3 项目都会透明地公开它们计划保留在项目储备中的代币总比例。当项目储备出售代币时，交易在区块链上是公开可见的。项目的目标是激发足够的代币需求，抵消从储备中出售代币对价格形成的抛压，以避免价格暴跌和扰乱社区。它们通常尝试在战略时机出售或以小额增量出售，以避免对价格产生过大的影响，但有时出于必要性，它们被迫在次优时机出售。Web3 用户通常关注项目如何处理储备代币。与 DeFi 协议一样，如果创始人突然出售所有代币或将其从储备库转移到个人钱包，这种“抽地毯”行为可能会永久性地破坏用户对项目及其团队的信任，从而损害他们在行业中的声誉。就像经受过考验的大型 DeFi 协议一样，对于社区成员来说，成熟的元宇宙项目团队在处理代币储备方面应有着良好的声誉，这些成员非常关心项目团队是否存在导致他们持有的代币价格崩盘的可能性。

Web3 商业模式的本质：经济利益的一致性

Web3 商业模式本质上将公司、投资者和用户这三个类别合并为一个经济利益相一致的社区。这与 Web2 形成鲜明对比，在 Web2 中，这三个群体是独立的，经济利益往往相互对立。在 Web2 公司中，投资者更希望公司从用户身上榨取尽可能多的价值，同时给予用户尽可能少的回报。

而公司内部的员工，尤其是那些不是重要股东的员工，更希望能够尽可能获得所有的价值，而不是将其分配给投资者。在 Web2 中，最大的输家是那些希望获得最高价值产品的用户或客户，但公司在创造产品方面的投入往往是最小化的。Web3 的巧妙之处在于，它在各个群体之间建立了一种非对抗性的商业模式基础，理论上可以为各个类别的参与者带来更好的收益。

在对待创作者方面，Meta 等公司正带着经典的 Web2 商业模式进入元宇宙。Meta 提出对创作者收取 47.5% 的平台建设费用，类似于 Spotify 向创作者支付音乐流媒体收入的一小部分，或者 YouTube 只将网络达人为母公司 Alphabet 创造的广告收入的一小部分支付给网络达人。这些公司让创作者拥有在平台上获取需求的特权，从而向他们征税。公司的经济动机是在平台上聚集尽可能多的需求，这使它们能够拥有与创作者谈判的筹码：以最高的标准向创作者收费，并尽可能少地向他们支付报酬。

相反，构建 Web3 项目的团队有动力向创作者提供尽可能好的经济条件，以吸引更多的创作者加入其平台，因为平台上有更好的内容可以吸引更多用户来推动增长飞轮。正如前文所述，基于精心设计的代币经济模型，更多的用户意味着更高的代币价格和更有价值的项目储备，项目团队、投资者和创作者的利益也得以保持一致。

无论是 Web2 还是 Web3 的经济模型，都是有效且可能获利巨大的，但 Web3 能够实现多方参与主体经济利益的一致性。这是 Web3 爱好者坚信 Web3 支持的元宇宙将取代 Web2 元宇宙的原因之一。我们相信，只要平台能提供良好的用户体验，创作者和用户都将按照自身经济利益最大化的原则行事。使创作者和用户转向 Web3 的原因，并不是

Sandbox、Decentraland 或其他平台提供了最丰富的游戏体验（众所周知，它们实际上并没有，或者至少目前还没有，它们才出现了几年，并且仍处于早期发展阶段），也不是因为它们在平台上拥有最多的用户，从而对元宇宙原生资产施加需求压力。相比之下，Facebook、Instagram、WhatsApp 以及 Meta，可以通过它们的品牌声誉轻松接触到更多的用户。但正如 Facebook 用户数量随着用户转向其他更有吸引力的平台而逐渐下降一样，用户很可能根据自身的经济动机行动，大规模地从 Web2 迁移到 Web3。**由于可以为创作者提供更好的经济激励、在区块链上自主拥有虚拟世界资产的所有权以及掌控这些资产在不同世界之间的便携移动性，Web3 有机会渐渐成为元宇宙的经济基础。**

无论 Meta 在元宇宙中的投资表现如何，很可能我们的许多互动和活动最终都将在元宇宙的背景下进行。从用户和创作者的角度来看，理想情况下这些互动和活动将建立在 Web3 的经济基础上。因此，本书的后续章节将推荐各种各样的 Web3 项目，尤其是艺术、娱乐、游戏和零售领域的项目，它们都试图在 Web3 驱动的元宇宙中建立强大的存在感，以获得领先优势。

Web3
Marketing

第二部分

Web3营销的理论与实践

Web3 营销人员并不总是认为
自己拥有最好的想法，
相反，他们将社区
视为灵感和数据的源泉，
致力于加强已经存在的东西。

Web3 Marketing

第 5 章

发明Web3营销，从第一个Web3营销人员到第一支Web3营销团队

在布鲁克林布什维克区，距离摩根大道只有几步之遥的地方，有一个博加特街 49 号建筑物，它与该社区其他大多数低矮的改建仓库一样，满是涂鸦和贴纸。在我 2016 年入职时，这里是 ConsenSys 公司总部，位于住宅楼的一个单间内，没有保安，也没有正规的接待设施。与曼哈顿河对岸闪闪发光的办公楼相比，这座建筑虽然外观不引人注目，但对几乎所有研究该公司的人来说，都有着无法抗拒的吸引力，甚至在彭博社关于“加密世界”迁往布鲁克林的报道中成为主角。[1]

在 2016 年至 2019 年间，我作为 ConsenSys 的首席营销官见证了 Web3 的诞生，并肩负着讲述其故事的重要责任。在早期以太坊的技术人员当中，拥有营销技能的人并不多。当我第一次进入博加特街 49 号时，这里的学术氛围比商业氛围浓厚得多：我的大部分同事都是计算机科学家、工程师、开发人员，只有少数是商业人士。我的新同事都是我见过的最聪明的人，有些人拥有顶尖大学的学位，其他人则是自学的程序员和黑客。

《赫芬顿邮报》的创新，“用户创造内容”

我的加入并不寻常。大学四年对加密货币发展毫无关注的我，毕业后去了《赫芬顿邮报》，为阿里安娜·赫芬顿工作。赫芬顿和她的联合创始人开创了一种新的数字原生方式，通过广告收入实现线上内容的变现。《赫芬顿邮报》并没有大量投资于昂贵的新闻调查记者（尽管后来进行了一些投资），其内容主要是由内部写手汇总其他新闻媒体发布的报道。他们会在文章中插入原创报道的超链接，并为原作者署名。最终，如果《赫芬顿邮报》为这篇文章创造了一个更适合社交媒体的标题，并附上一个更具视觉刺激性的图片，那么相比于原始报道，它将会在 Facebook 和 Twitter 上引来更多的关注，并且通过广告将其变现。通过这种被称为“聚合”的模式，他们以较低的前期投资获得了较高的回报。

当时，只有很少的网络原生的媒体出版物。当纸质出版物意识到在线上出版内容并通过 Facebook 和 Twitter 将这些内容社交化，可以为它们的内容赢得更广泛传播的时候，它们才刚刚开始摸索数字化策略。《德拉吉报道》（*Drudge Report*）可能是最早的网络原生媒体出版物，也可能是聚合模式的最初发明者，但是稍晚于它的《赫芬顿邮报》将这种模式规模化了。

我的第一家雇主也在《赫芬顿邮报》博客平台进行了“用户创造内容”的创新。当时，给《赫芬顿邮报》撰写博客有一种独家供稿的感觉，但即使博客作者的作品获得了广泛传播，作者也并不会得到任何报酬。那些作者因为相信平台将通过另一种形式，即通过曝光量来回报他们，而自愿接受这样的安排。博客作者相信，自己的文章出现在《赫芬顿邮报》上将帮助他们建立个人受众群体、推进社会事业、提高知名度或获得其他有益的回报。尽管绝大多数博客文章的读者寥寥无几，但在《赫芬顿邮报》博客平台上的所有文章中，有少数几篇博文获得了非常大的流量。由于平台上有很多博客作者，因此竞争激烈，少数博客文章会在流量方面取得非凡的成功，而且在基本没有前期成本的情况下，实现近 100% 的变现率。

这可能是该网站最高效的盈利方式。2012 年，美国在线以 3.15 亿美元收购了《赫芬顿邮报》，这是最早且仍然是规模最大的数字媒体交易之一。未获报酬的博客作者发起了针对美国在线的诉讼，他们认为自己为平台创造了巨大的价值，要求分享收益。法院迅速驳回了他们的起诉。这一判决确认了数字媒体和社交媒体网络可以合法收集个人内容和数据并变现，而不需要将这些价值流分享给原创作者，这是 Web2 商业模式的核心支柱之一。尽管这种做法被认为是合法的，但 Web3 最终会反对这种做法，不是通过法院，而是通过设计替代性的激励系统来更好地补偿创作者。

作为《赫芬顿邮报》的一名特别项目编辑，我见证了在数字环境中生产在线新闻的机制，了解了社论和博客的内部运行方式。虽然支持 Web3 的一些人对 Web2 的业务缺点感到不满，但我对批评它们不太感兴趣，我更希望利用它们的弱点，创造更加有利于创作者的替代性解决方案来超越旧模式。我并没有在道德上谴责那些没有得到报酬的博客作者，而且我对《赫芬顿邮报》的创始人充满钦佩，赫芬顿是一位真正的先驱和创新者。正是通过观察和向她学习，我第一次意识到，某一天我也可以创办一家公司。

几年后，我发现了一种可为创作者提供报酬的创新媒体商业模式，并与人共同创办了名为 Slant 的新闻平台。我们邀请大学生记者，特别是新闻学专业的研究生，让他们在我们的平台上撰写博客，并以他们创造的广告收入的 70% 作为报酬，公司仅获得剩余的 30%。与 Medium（写手可以在上面按照自己的意愿创作）等内容中立的平台不同，我们与写手密切合作，帮助他们编辑和包装内容，以实现最大限度的在线传播，并教授他们内容营销的艺术。

当时，读者和新闻媒体对大学校园中的性侵问题和迅速兴起的“黑人的命也是命”（Black Lives Matter）运动的第一人称报道深深着迷。许多创作者（包括一些新兴创作者）在这个绝佳时机发表作品，少数表现出色的文章能够获得可观的流量，有时一篇文章就可为作者赚取数千美元的报酬。然而，绝大多数作品几乎没有引起任何关注。为了履行将作者一篇文章广告收入的 70% 作为报酬支付给他们的承诺，我们常常不得不将 1 美元甚至 1 美分进行分割。Slant 依靠第三方支付机构来进行交易，由于每笔交易都收取手续费，因此我们在低收入内容上会亏损。我们的商业模式在理论上是行之有效的，因为在推出后不久，我们就达到了每月超过 400 万次页面浏览量的惊人目标，但受制于支付成本问题，这种商业模式在实践中并不奏效。其实，我们早在 Web3 开始之前就研发了一种基于分布式微支付的媒体商业模式，设计了能吸引创作者并提供更好报酬的激励系统，但我们仍受制于有中间环节的 Web2 支付方式。

加入“加密货币”运动，
成为第一个 Web3 营销人员

出于对公司生存能力的关切，我对支付问题产生了极大的兴趣。我住在纽约，这里有许多科技聚会，作为一个小型但正在成长的平台的联合创始人，我有机会与其他创业者见面和交流。在 2015 年，我遇到了以太坊团队的几位早期成员，包括约瑟夫·卢宾、山姆·卡萨特、安德鲁·基斯（Andrew Keys）和克里斯蒂安·伦德奎斯特（Christian Lundquist）。

由于没有计算机科学学位，我很难理解以太坊虚拟机的内部工作原理，尽管其代码库是公开的。然而，可以清楚地看到，这些被以太坊吸引的人是我遇到过的最聪明的一些人。尽管凭借我的媒体和营销技能，我无法对他们正在构建的技术进行独立的深入调查，但评估这些人是容易的。我逐渐意识到他们是非常优秀的人才。

以太坊不仅在理论上解决了我在小企业中遇到的问题，还解锁了无数的商业模式和价值创造模式，这些模式受制于 Web2 的局限性，虽然在逻辑上是合理的，但在实践中无法实现。在陌生的术语中摸索前行，我逐渐理解到他们正在构建一种被一些人称为价值互联网的东西，价值互联网从 Web1 所建立的通信互联网进化而来，Web1 以前所未有的量级促进了全球信息的流动和交流，而 Web3 有潜力做到同样的事情，但是它是关于价值的。需要注意的是，价值不等同于金钱，尽管金钱是表达价值的一种常见方式。

当时，我们称这一运动为“加密货币”运动，但偶尔也会使用 Web3 这个术语来指代更大的构想，即一个能够获取各种价值并实现无障碍互动的网络，Web3 超越了加密货币或基于区块链的代币（如比特币和以太币）的金融用例。**今天，加密货币可以被认为是 Web3 专注于金融用例的一个子类。**随着我对加密货币的兴趣日益浓厚，以及依赖广告的媒体商业模式的困境变得更加清晰，我在 2016 年夏天决定退出自己的创业公司，全职加入 ConsenSys 并担任首席营销官。在那里，我将成为第一位 Web3 营销人员。

ConsenSys 的大多数人对公司首次正式招聘营销人员并不感到惊讶。他们专注于编写代码，为他们认为可能成为软件历史上最重要的事业之一以及他们自己的职业生涯而奋斗。公司充满了激动和期待的工作氛围，我们知道自己正在追求一项伟大的事业。

其他人对 ConsenSys 开始进行营销则表示担忧。**在 Web3 中，设计具有激励作用的经济模型的重点在于，它们应该是自我营销的。**而且，“营销”这个概念给人一种虚伪的感觉，尤其是在 Web2 的背景下。这个词让人们想起了 Facebook 上无人点击的讨人厌的广告、Instagram 上兜售维生素饮料的网络达人、夸张的标题和任何关于卡戴珊家族的文章。对于这些深思熟虑的技术人员来说，营销似乎更像是邪恶而非善良的行为，是使用简单和欺骗性的语言来操纵消费者购买他们不需要的产品的行为。没有人喜欢成为营销对象的感觉，许多人愿意支付订阅费来避免广告，特别是软件开发人员，他们是许多最早的 Web3 工具（如 MetaMask、Infura 和 Truffle）的目标用户，因而特别鄙视广告。他们宁愿自己检查开源代码并得出自己的结论。Web2 风格的营销与这群黑客和学者的文化观念不一致。

2016 年，在 ConsenSys，我们的目标是构建基础工具和 dapp，让更多的开发人员能够利用以太坊构建软件。具体来说，如果使以太坊更易于使用，就会打破以太坊生态系统的增长限制，使开发人员能够利用 Web3 基础架构进行创新，并构建他们构想的任何应用程序。ConsenSys 将团队聚集在一个屋檐下，让他们共享资金、法律支撑和后勤基础设施，以帮助他们更快、更高效地进入市场。由于这些团队处于激励机制一致的公司中，因此他们可以专注于交付最关键的应用程序，而不是为解决同样的问题而相互竞争。这是一个聪明的解决方案，避免了冗余工作。

早期的 ConsenSys 也是有效合作的肥沃土壤。全球范围内的去中心化区块链技术专家相对较少，所有的专家都在 ConsenSys 或以太坊基金会工作。这些专家经常在需要他们的地方做出贡献，并且可以同时在许多不同的项目上工作，他们没有官方的岗位或头衔，他们的动力仅仅是推动以太坊的发展。

得益于众多的人才、合作文化和充满活力、相信一切皆有可能的氛围，早期的 ConsenSys 能够构建基础性的以太坊标准、工具和 dapp，其中的许多工具至今仍广受欢迎，比如：Truffle，用于构建以太坊应用程序的最初开发框架；Infura，开发者用于部署 dapp 的以太坊基础设施；MetaMask，广泛使用且提供自主权的 Web3 钱包；以及对 ERC-20 代币标准做出贡献的工具。

ConsenSys 将团队聚集在这些核心工具之上，致力于构建各种用例和行业的 dapp。其中包括：Ujo，一款 Web3 音乐应用程序，它开创性地使用 NFT 并启发了其他项目；SingularDTV，一个去中心化的电影和影片制作平台；Gnosis，一个市场预测平台，其合约现在在其他 dapp 中被广泛使用；Grid+，一个承诺降低能源使用成本和提高效率的系统。

其中一些项目会成功，而其他项目则会失败，失败项目的贡献者会被调到 ConsenSys“网格”的其他工作领域。ConsenSys 的“网格”是与该公司相关的不断演变的人员和项目集合。如果说 90% 的创业公司会失败，那么 ConsenSys 的成功纪录无疑要优于平均水平。但是，任何个别项目的成功只是整个故事的一部分。作为一名营销人员，我的工作是帮助这些初创公司获得尽可能多的助力，同时将每个初创公司作为以太坊可能应用场景的展示案例。这将激发其他人在以太坊上进行开发，推动生态系统的发展，即使个别初创公司在用户获取或交易量等其他指标上失败了。显然，我们希望所有项目都取得成功，但我们更大的使命是推动以太坊的发展。

在 Web3 中，并没有营销的标准模板。作为 ConsenSys 的第一位正式营销人员，我从同事们尤其是那些对 ConsenSys 成立营销部门有强烈意见的人那里，快速意识到 Web2 的方式并不会奏效。幸运的是，我没有传统的营销背景，也没有固守旧观念。我从《赫芬顿邮报》和 Slant 的经历中吸取了重要的教训，了解了内容在网络上的传播方式，以及搜索引擎如何吸引注意力、塑造观念，并引导受众去采取对公司来说重要的行动。我对社交媒体和网络达人营销并不陌生，并且认识到召集人们参加实体活动的重要性。或许最重要的是，作为一个前初创公司的联合创始人，我知道如何思考去启动一项业务，并随着时间的推移逐步调整它，以适应客户不断变化的偏好。

关于 Web3 我知之甚少，所以在不了解 Web3 底层架构的前提下，设计一个适用于 Web3 的营销方案几乎是不可能的。在销售产品之前，我需要先了解这个产品。我尽可能阅读所有关于以太坊的资料，并邀请繁忙的同事一起共进午餐，向他们取经。在确信我打算以理性的方式来推广以太坊，远离夸大和标题诱导后，他们便谨慎乐观地认为我的独特技能可以帮助以太坊实现其愿景，并且大多乐意与我共度时光。

将以太坊商业化，组织企业以太坊联盟

但我的目标是将以太坊商业化，将 Web3 带给零售用户。在我与卢宾的首次面谈中，我直截了当地告诉这位以太坊的联合创始人、ConsenSys 的创始人兼首席执行官，我想让以太坊成为像星巴克和美国职业棒球大联盟一样家喻户晓的名字。Web3 是一项具有颠覆性的技术，虽然它并不是飞行汽车，但在比特世界中，这是我遇到的最令人兴奋的事

情。如果我们以正确的方式呈现它，那么每个人都会关注它。将以太坊商业化的想法在早期 ConsenSys 的学术界人士和反体制的黑客中是存在争议的，但是卢宾还是给了我这个职位。毕竟，他创立 ConsenSys 是为了推动以太坊的发展并让它惠及更多人。尽管我只有 25 岁，卢宾在抱有怀疑态度的情况下还是支持了我。显然，我对以太坊充满激情，而且世界上最好的营销人员也不会争相加入一个曾经被认为难以理解而且遭受过一次黑客攻击的默默无闻的项目。雇用我是一个实验，我想卢宾很好奇我能做些什么。但在我证明营销的重要性之前，我将得不到任何资源，没有新员工，也没有预算。

凭借一位以太坊早期布道者和负责业务拓展的销售专家安德鲁的帮助，我几乎立即发现了第一个商业化机会。安德鲁颇为热情好客，邀请我在上海一起品尝饺子。那时我们正在参加以太坊基金会主办的第二届年度开发者大会，这是以太坊开发者和爱好者的年度会议。安德鲁滔滔不绝地谈论着他和其他人正在进行的一个项目：企业以太坊联盟（Enterprise Ethereum Alliance，EEA）的启动。几个月前，安德鲁给微软公司高管打电话，向他们介绍了以太坊。微软公司的两位高管马利·格雷（Marley Gray）和约克·罗兹三世（Yorke Rhodes III）认真倾听了他的介绍。他们对以太坊的功能感到兴奋，并对探索其在他们业务中的应用场景充满好奇。受到微软公司积极回应的鼓舞，安德鲁不遗余力地鼓动那些有意尝试以太坊的蓝筹公司加入进来。

微软、英特尔、摩根大通、桑坦德银行、纽约梅隆银行和埃森哲等公司都同意与 ConsenSys、其他几家初创公司以及学术团体合作，共同成立一家跨公司工作组。该工作组的目标是制定以太坊的企业实施标准，以供所有公司使用。这是一项创新举措，不仅因为它涉及以太坊，而且因为这些公司在其他方面通常是竞争关系，或只会相互披露最少的信息，但它们突然同意联合起来建立共享资源。Web3 经济模型往往鼓励合作，而在这里，在最不可能的地方——金融、企业软件和管理咨询这些残酷的领域，合作精神已经开始扎根。

在北京烤鸭上桌时，安德鲁已经成功地让我相信这是一个绝佳的营销机会。2016 年夏天，当人们搜索以太坊时，搜索结果主要显示的是它的发明者——年轻的维塔利克・布特林。尽管布特林和早期的以太坊技术团队对计算机科学家来说令人印象深刻，但对于那些并不认识这些名字的企业高管来说，以太坊仍然是一个很难令人相信的概念。大部分参与以太坊预售的投资者都是个人投资者和小型基金。没有大品牌或众多知名投资者为项目提供支持，这使得以太坊看起来小众且不可靠。

蓝筹公司对软件和合作伙伴的选择非常严格，而当时以太坊没有任何第三方机构对其价值进行验证，这在决策者眼中并不可靠，更糟糕的是，他们本能地不信任加密货币。自从 Silk Road 事件以来，比特币作为最知名的区块链网络一直与互联网地下世界中的毒品和暴力联系在一起。但以太坊并不是为了方便毒品交易而存在，它是一种用于创建价值互联网的新型网络架构。如果有一群可信赖的公司支持以太坊区块链，那么各类企业都将认识到它的优势，克服怀疑和漠视，最终加入这场运动。

在接下来的几个月里，我继续与安德鲁和其他同事进行对话。我们意识到通过媒体讲述以太坊的故事是一个重要的机会，这有助于改变人们对以太坊的印象，尤其是在 DAO 遭受黑客攻击事件之后。谨慎的公司需要确认以太坊在结构上是安全可靠的，不会再次被利用。有了知名品牌参与企业以太坊联盟，我们就可以在主流媒体平台上突出展示以太坊，讲述以太坊是什么，以及为什么人们应该关注它。数百万人将在这个新背景下首次了解以太坊。

2017 年 2 月底，《纽约时报》、《华尔街日报》、彭博社、路透社，以及数千家较小的媒体都发表了报道。[2] 我和安德鲁四处奔走，积极争取记者们的报道，介绍以太坊和企业以太坊联盟，并在各家成员公司之间协调新闻发布和采访。这个计划涉及如此多的企业传媒部门，绝非一件易事，但最终取得了成功。在那个决定性的日子之后，任何搜索以太坊的人不仅会了解到布特林，还会了解到来自微软的格雷和罗兹、来自桑坦德银行的胡利奥·福拉（Julio Faura）以及来自摩根大通的安伯·巴尔德特（Amber Baldet）。ConsenSys 因为组织起了这个团队而被广泛认可，并在许多报道中被提及，公司的知名度因此大大提升，尽管我们的业务还相对比较新。

在投资者阅读了财经新闻之后，果然，以太坊与科技、金融领域最知名的公司合作的头条新闻，让资本源源不断地涌入以太坊的代币——以太币。具有讽刺意味的是，最初为以太坊设想的企业级标准甚至不使用以太币，投资者要求使用无需加密代币的以太坊区块链的私有实例。① 然而，正是以太坊与顶级公司的关联所带来的宣传，建立了投资者的信心，使以太币的价格在新闻报道发布后迅速飙升至 20 美元以上。到 2017 年 5 月举行第一届以太峰会时，以太币的价格突破了 100 美元，这是加密货币历史上价格上涨速度最快的一次。

卢宾对他的“一人营销部门”感到满意。我借着安德鲁的声势进入了这个领域，并证明了营销的重要性。对卢宾来说，令他兴奋的不仅仅是 ConsenSys 的品牌知名度提升，或投资者涌入他们持有相当大份额的以

① 早期企业界对以太坊的构想更侧重于利用其底层区块链技术，而非其原生代币以太币。这种做法反映了企业对区块链技术实用性的兴趣，以及对加密货币生态系统复杂性的谨慎态度。——编者注

太币，而是这个故事如何激发了网络规模效应，促进了以太坊的成长。更多的投资者意味着有更多的资金用于以太坊项目，更多的企业家筹集资金在该平台上进行构建，以及更多的开发人员为代码库做出贡献。

我们衡量成功的标准不是以太币的价格，而是在以太坊上使用 Solidity 和 LLL 等编程语言来构建应用程序的开发者数量。随着越来越多的开发者在以太坊上进行开发，他们有更多的机会构建能够推动以太坊大规模发展的“杀手级 dapp”。在 2017 年开始使用 Web3 的开发者，几乎没有人会将他们的职业决策归功于企业以太坊联盟的推出。相反，许多人的动力来自对颠覆银行业和去大公司中介化的渴望。但是，企业以太坊联盟的发布故事开始推动了增长飞轮，而且吸引了无数的开发者加入以太坊。这里的飞轮是一个贴切的比喻：一个沉重的轮子在一个轴上，一开始需要很大的能量来推动它，但一段时间后，它会获得巨大的速度，先前推动的能量与轮子本身的质量共同作用使轮子加速，看上去似乎是轮子在自行转动。当讨论 Web3 业务的某些方面时，我们还会再次使用这个飞轮的比喻。[3]

第一支 Web3 营销团队

后来，我开始招聘 Consensys 营销团队成员。首批成员包括马修·艾尔斯（Matthew Iles）和爱丽丝·兰塞姆（Elise Ransom）。马修在传统的 Web2 营销领域拥有丰富的经验，与妻子共同创办了一家营销机构，成功地为知名零售品牌 M.Gemi 和 Web2 公司 General Assembly 进行了营销推广。马修和他的妻子设计了 General Assembly 的数字营销课程。作为一个从媒体界出来的非传统营销背景的人，我想与一位顶尖的专家合作，正巧马修已经将数字营销的最佳实践进行了系统化总结，并教授给了成千上万的学生。马修思维灵活且富有创造力，他并没有满足于过去的成就，不仅意识到 Web2 营销在 Web3 中可能无法奏效，还为团队带来了结构、流程和丰富的知识。

爱丽丝也是团队中一位优秀的新成员。她曾在一家专注于房地产的初创企业从事金融科技[①]营销工作。就像我一样，爱丽丝虽然毕业不久，但显然对以太坊充满热情。几个月来，她不间断地联系 ConsenSys 的员工以寻找工作机会。当我们见面时，我意识到她是一位非凡的沟通者，擅长将金融科技领域的复杂理念提炼成清晰的信息。在面试中，马修和我向她提出了一个我们最喜欢的问题：请解释一个你非常了解，但是让其他人感到困惑的复杂问题。爱丽丝在我们位于博加特街 49 号的小会议室的白板上，完美地解释了 2008 年金融危机的过程以及抵押支持证券的作用，勾勒出了导致危机爆发的原因，正是这场危机激发了中本聪的灵感。

在我和马修、爱丽丝的共同努力下，我们开始为首个 Web3 营销团队奠定基础。我在 ConsenSys 度过的近 4 年间，这个部门逐渐发展壮大，团队规模超过 80 人，涵盖公共关系、内容营销、社交媒体、社区营销、增长营销、视觉设计和产品营销等领域。作为一个非工程师团队，我们向 ConsenSys 的技术同事虚心学习，时刻意识到我们需要了解不断演变的 Web3 基础设施，以便对其进行塑造。我们的团队会选择 Web2 最佳营销实践来汲取经验，并遵循提炼全新的、原生 Web3 营销实践的第一原则。我们给世界带来的技术将经济控制权从一群人的自主决策转移到透明的算法治理上。然而，将其推向市场的过程完全取决于人。我们

① 金融科技即金融技术，不仅仅指 Web3 应用，更广泛地指正在改变或颠覆金融服务的技术创新。

的成功在于吸引了来自 Web2 的最佳人才，并共同培养自己的 Web3 技能。其中包括负责公共关系的卡拉·米利（Kara Miley）和詹姆斯·贝克（James Beck），负责内容营销的埃弗里·欧文（Avery Erwin）和埃弗里特·马齐（Everett Muzzy），领导社区的坎瓦勒·杰汉（Kanwal Jehan），负责增长营销的戴维·吴（David Wu）和迪安·拉马丹（Dean Ramadan），以及负责产品营销的伊莱恩·泽尔比（Elaine Zelby）、布雷特·李（Brett Li）和卡米拉·麦克法兰（Camilla McFarland）等。在离开 ConsenSys 后，他们继续在 Web3 领域取得了杰出的职业成绩。卡米拉、爱丽丝、卡拉和埃弗里特也加入了我和马修在 2020 年共同创办的 Web3 营销机构和产品工作室 Serotonin。

作为首个 Web3 营销团队，经过多年的自我培训，我们成功推出了许多最成功的早期 dapp 和代币，为下一代 Web3 项目提供了最佳实践。我们成立了自己的机构，将这些实践带给 Layer 1、Layer 2、Web3 实用工具、DAO、DeFi 协议、NFT 和元宇宙等项目。在 Serotonin，我们进一步完善了 Web3 营销机制，与行业同步发展，开发出在 Web3 转型方面的新专长，并创造了 Web2.5 这一术语，用于指代那些逐渐将其商业模式转向 Web3 的传统公司和 Web2 公司。

当其他营销从业者进入 Web3 时，我们在 Serotonin 继续享受作为 Web3 原住民的优势，比如我们对 Web3 基础设施、Web3 社区的历史和独特性非常熟悉。话虽如此，我们仍欣然欢迎新的营销人员进入这个领域。因为与资源有限的 Web2 不同，Web3 正以惊人的速度增长，其浪潮确实能带动整个生态的发展，激发网络规模效应，从而吸引更多的投资、开发者和用户。我们应该与他人分享我们的最佳实践，希望他们能够共同推动我们这个羽翼未丰的行业向前发展，同时我们要向这些新人学习，他们也许正是本书的读者，在塑造 Web3 基础设施和制定新的行业标准方面进行着创新。

Web3 营销的本质就是让潜在用户从了解产品开始，将潜在用户与他们需要的产品或服务连接起来。要想取得成功，营销人员通常必须从零开始，学会如何刺激用户对新产品的需求。他们必须深入了解自己的产品以及目标受众。这些信息使他们能够构建一个营销漏斗，引导潜在用户经历发现、参与、使用和保留的各个阶段。在许多情况下，Web3 营销人员致力于通过邀请潜在用户加入社区，让他们从发现阶段进入参与阶段。

在 Web3 中，“社区”通常指的是一群具有一致动机的人，常常聚集在 Discord 这样的通信渠道上。这个群体通常包括项目团队、持有代币或股权的投资者，以及使用 dapp 或相关协议的用户。这些分类是动态的，例如，社区中的用户可能会对项目的开源代码做出贡献，并因此获得经济回报；团队的全职成员可能会将这个贡献者视为固定的队友；社区中的代币或股权持有者可能开始使用该产品；用户可能决定进行投资。社区通常共享超出项目使命的一系列价值观和兴趣。一个充满活力的社区看起来就像是一个数字社交俱乐部，成员在其中一起工作和娱乐。

对于营销人员来说，社区为他们提供了一个可以持续重新吸引并转化为新产品和新功能使用者的潜在用户池。然而，随着社区的壮大，受雇的营销人员和具备营销技能的社区成员之间的界限可能会消失。就像项目邀请开发者社区为代码做出贡献一样，他们可以招募并奖励具备营销技能的成员来参与社区管理、内容创作、视觉设计、社交媒体管理、线下聚会或活动的主持以及形象大使或推荐等方面的工作。对于 Web3 项目来说，实施高质量的激励制度来吸引社区中的人才的做法是有效的。设计合理的激励制度能够在减少员工数量和后勤开销的同时，为贡献者提供有价值的回报，从而带来更多、更好的想法和行动。

Web3 项目最终可以实现自我治理和自我营销。凭借足够强大的社区，一个 Web3 项目可以沿着去中心化的道路前进，不再正式雇用员工甚至解散其法律实体，因为这些已经不再必要。营销人员在参与 Web3 项目的第一天就应考虑自我营销系统的设计，但也需要知道有效实施该系统可能需要很长时间。在社区能够有效运用激励制度来接管重要功能之前，项目需要解决从零到一的问题，即推动其产品被发现，并吸引成员。接下来的章节将介绍产生从零到一的初步动力所需的步骤，将这种动力引导到自我营销系统，并展示在此过程中已被证明有效的具体策略。

Web3 Marketing

第 6 章

Web3营销的本质，了解你的产品和受众

关于 Web3 和相关营销，有很多新颖和具有革命性的内容。“了解你的产品”和“了解你的受众”并不是新鲜说法，这实际上是营销的两条首要准则。然而，与大多数准则一样，难点在于如何在特定的环境中应用它们。本章将探讨在不断变化的 Web3 环境中了解、研究你的产品和受众的含义。

了解你的产品

有时候，作为营销人员，我们很幸运可以选择要营销的产品。我们团队成功将以太坊推向市场的最重要原因是以太坊本身的非凡特质。如果以太坊不是一项令人惊叹的技术，我们根本无法取得类似的成果。**没有任何营销策略能够取代出色的产品本身。然而，即使是最好的产品也可能在没有营销的情况下黯然失色。**特别是在项目的早期阶段，必须有人刺激需求并将需求与供应相连接，否则“飞轮”永远不会开始转动。

如果一个产品非常出色，即只要目标受众知道它的存在，就会使用它，那么营销可以加速创造需求以及将其与供应相连接的过程。营销给了“飞轮”初始或连续的推动力。但是营销远非一种万能药。一个质量低劣的产品，即使用户知道它的存在也不会想要使用，也就是说，没有任何营销策略可以使项目长期成功。产品就像是骨骼，是项目的坚实核心，但是一个仅有骨骼而没有肌肉的身体只能躺在地上，而全是肌肉没有骨骼也行不通。身体要想行走起来，需要肌肉附着在骨骼上并对其施加压力。项目的成功与否取决于高质量产品（坚实骨骼）与激活其进入运行状态的营销策略（肌肉）之间的张力。

在 ConsenSys，我们的 Web3 营销团队负责推广公司开发的所有项目，而在 Serotonin，我们对承担的营销项目非常挑剔。在 Serotonin，我们的目标是通过为客户带来市场投资回报来推动 Web3 生态系统的增长。如果我们认为一个 Web3 项目缺乏坚实的产品愿景，那么无论我们如何有效地运用我们的“肌肉”（我们的营销实力），即使我们能够产生暂时的轰动效应，最终也不会成功带动 Web3 的增长。多亏我们的不懈努力，才保持和发展了我们是第一个也是最好的 Web3 营销团队的声誉，这使我们拥有了大量潜在客户，可以选择与那些最有前景和最符合团队专长的项目合作。与传统机构不同，我们不会为了赚钱随时接受雇用，也不会与我们不相信的项目合作。我们有幸能够精心选择合作伙伴，并根据产品和团队的成功概率进行优先级排序。一个拥有优秀产品的项目已经准备好通过营销来催生其跨越式的增长，而我们希望将努力投入到能够创造最大价值的地方。所有的 Web3 营销人员都应该谨慎选择他们要进行市场推广的产品。有了高质量的产品，他们就更有可能取得成功并建立良好的声誉。

在 Serotonin，我们是吃了很多苦头才学到这些教训的。早期，我们与一家 Web3 公共事业公司签约，他们的产品几乎已经为发布做好了准备。这是一个 Web2 中的热门产品类型的 Web3 版本。在 Web2 中，这种产品的用户倾向于采用付费订阅模式，但在 Web3 中，该产品的支付模式是随用随付。我们代表客户进行了市场调研，结果表明，与 Web2 用户一样，Web3 用户也喜欢采用付费订阅模式，以避免每次账户余额不足时都要进行充值。但是，该公司的产品团队坚持己见，由于已经完成了大部分产品开发，引入付费订阅模式将需要对产品进行大规模改造，因此他们倾向于在不进行重大改变的情况下发布产品。即使产品已经上线几个月仍未能获得用户青睐，产品团队也固守己见，无视用户关于随用随付的反馈。他们认为寻找愿意随用随付的用户是营销团队的任务，而产品团队的工作是根据早期用户反馈对产品进行迭代。随着时间的推移，我们会一次又一次地看到这种案例，并将其标记为失败的模式。

营销团队和产品团队都需要具备灵活性。营销团队不仅需要寻找适合现有产品的用户，还需要从用户那里收集偏好数据，并将其反馈给产品团队。然后，产品团队根据这些反馈进行产品迭代。[1] 如果产品团队和营销团队之间没有形成良性反馈循环，即使是优秀的产品团队和营销团队也注定会失败。我们仍在不断地思考项目成功和失败的原因，并发掘和尝试新的模式。

在 ConsenSys，我了解到要想营销 Web3，就需要对其有深入的了解。这就是为什么这本关于 Web3 营销的书的第一部分致力于介绍 Web3 的关键组成部分。任何为 Web3 项目做营销的人都应该确保对产品有所了解。大多数营销人员不是计算机科学家或开发人员，无法读懂 Web3 项目的代码，但这并不妨碍他们反复向创始人或工程师请教，以尽可能深入地理解 Web3 的工作原理，并以通俗易懂的方式来解释它。在为特定的技术性产品做营销时，营销人员可以考虑参加在线编码课程，如 CodeAcademy。我在 ConsenSys 刚开始的时候就这样做了，并不是因为我想编写代码，而是为了理解同事们使用的术语，并将其翻译给那些没有软件开发技能的人。最糟糕的事情是营销人员假装理解产品背后的技术。相反，在开始阶段，他们应该找一个耐心的同事，并像那些最自然、高效的学习者（比如幼儿）一样，无休止地问“为什么”或“那是什么意思”，直到他们理解基本的概念为止。以下是营销人员可以问的关于 Web3 项目的一些好问题，以帮助熟悉这项技术。

- 这是什么类型的项目？如Web3实用工具、基础设施、DeFi 协议、NFT、DAO 等。
- 针对用户的核心价值主张是什么？
- 它的技术架构如何支持这个价值主张？
- 它的技术与解决同样问题的竞争对手相比如何？
- 如果有的话，该项目试图解决用户体验方面的哪些问题？
- 技术中是否内置了激励行为的奖励机制？
- 它使用了哪种 Layer 1 区块链？如比特币、以太坊、Avalanche、Solana 等。
- 是否使用任何 Layer 2 可扩展性解决方案？如 Polygon、StarkNet、Optimism 等。
- 它如何处理去中心化？是否有去中心化的路线图？
- 它如何处理可扩展性？能容纳多少用户量？
- 它如何处理安全性？存在哪些安全漏洞？是否已经经过审计？

虽然作为营销人员，我们需要尽可能了解产品的方方面面，但对于终端用户来说，并非必须如此，除非这些终端用户是开发人员。对于面向开发者的 B2D（企业对开发者）产品，开发者通常需要准确了解产品的工作原理，并通过教程、详尽的开源代码文档以及 GitHub 等平台上的代码库来实现。对于面向企业的 B2B（企业对企业）产品和面向消费者的 B2C（企业对消费者）产品，终端用户通常并不需要了解产品的工作原理，他们只需要知道产品的功能。这两者并不相同。使用互联网的人大多不了解 TCP/IP 的工作原理，但这并不妨碍他们查看电子邮件。如果在开灯之前要求我们能够重新制造一只灯泡，那么我们大多数人都将待在黑暗中。了解技术的工作原理对于营销人员来说是至关重要的，但对于用户来说并非必要。**作为营销人员，我们的工作就是成为信息的消化系统：将复杂的技术概念分解，提取出清晰的价值主张，并以易于理解和引人注目的方式传达给目标受众。**有时，面向特殊的受众，我们需要完全避免使用区块链术语（即使产品使用了这项技术），例如用“数字藏品”来代替“NFT”。我们关心如何理解这项技术，并不意味着我们的受众也会关心。

了解你的受众

了解产品只是有效营销的一半，成功的关键还在于了解自己的受众，这不仅适用于 Web3。戴尔·卡耐基（Dale Carnegie）撰写的《人性的弱点》出版于 1936 年，作为一位研究人格和销售技巧的讲师，卡耐基在现代商业文献中首次明确提出现在看来仍显而易见的一个原则：**要让对方信服，就必须设身处地替对方考虑。**想象自己成为另一个人，能够帮我们理解对方的欲望和动机，然后用对对方有意义的方式来构建我们的论点或销售话术。当我们试图说服他人时，关键不在于我们想要什么，而在于对方想要什么。

我读过的许多商业和营销书籍中都有卡耐基经典著作的衍生内容，因此当新的营销人员加入 Serotonin 时，我建议他们直接阅读原著。经过近 10 年的 Web3 营销，我们发现卡耐基的基本经验是非常有用的。作为营销人员，如果只从项目的角度来看待任务，我们也许能够将其价值主张提炼成一条明确的信息，但如果这条信息没有被很好地塑造以致不能匹配目标受众，那么它很可能不具备吸引力。正如化学领域的一个基本原理，即原子必须具有适当的电子结构才能与另一个原子产生反应。在营销中，我们正试图在产品和受众之间建立联系。正确的方法是研究目标受众的“电子结构”，为其定制一条恰到好处的信息，并通过适当的渠道将其传递给目标受众。然后，信息和受众连接在一起，催化一个可衡量的行为，比如下载一个产品。

当我刚加入 ConsenSys 时，一些同事对营销以太坊生态系统感到担忧。他们熟悉 Facebook 的广告活动以及用户希望避免的侵入性营销方式。可以理解的是，他们不想让无关的信息污染以太坊的思想和学术精神，通过 Facebook 广告活动来说服开发者尝试以太坊是一种非常糟糕的营销实践。

在我们的 Web3 营销团队中，我们首先了解了目标受众，并尽可能了解被早期以太坊吸引的计算机科学家、开发者和企业家。我们注意到世界各地的以太坊爱好者成立了聚会小组。小组成员包括计算机科学专业的大学生、在创业公司工作的应届毕业生，以及在地下室或车库里进行个人项目开发的黑客。他们中有些人接受过正式的培训，其他人则自学了数学、编程或经济学。有些人住在 Web2 技术中心旧金山湾区，其他人则居住在纽约、伦敦、迪拜和新加坡等金融中心。更神奇的是，聚会小组在布达佩斯、布加勒斯特、圣保罗、伊斯坦布尔、约翰内斯堡、拉各斯和雅加达等地迅速涌现。

我们的社区营销团队与现有的聚会小组取得联系，并组织了一个聚会小组领导人网络以分享最佳实践经验。我们密切关注新城市中出现的以太坊社区，并推出了一个支持新聚会小组创始人的计划。通过小额赞助，我们确保聚会小组始终有啤酒和比萨经费。我们提供了关于以太坊的演示文稿和模板，使用一致的视觉设计，赋予新聚会小组一种合法性的感觉。随着新的项目在以太坊上建立起来，我们安排他们的创始人进行线下聚会和路演，向聚会小组展示他们的想法并获得反馈。聚会小组的领导人可以定期获得高质量内容，而项目团队也有机会接触早期的产品采用者。

以太坊聚会小组如同野草一般蓬勃发展。到 2017 年夏天，随着企业以太坊联盟的推出以及以太坊价格的波动和相关宣传，人们几乎每晚都能在旧金山、伦敦、东京、上海或纽约参加以太坊聚会。忠诚的成员主要是年轻的计算机科学家和开发人员，聚会弥漫着半宗教般的氛围。有关“维塔利克教堂”[①] 的笑话和梗也不断出现。但在开玩笑的同时，以太坊聚会确实为许多人提供了传统宗教场所所不具备的好处：具有共同价值观的人们通过共同努力实现共同目标的聚会场所。

我们了解了我们的受众是谁（计算机科学家 / 工程师），以及如何通过正确的渠道（聚会小组）与他们取得联系并传递正确的信息，即为他们提供构建社区的工具和资源，而不是强加给他们我们认为合适的模式。线下聚会和黑客马拉松文化作为创新的沃土至今仍然存在。

从受众身上获取的经验教训同样适用于今天的 Web3 领域，就像在 2017 年一样。在 Serotonin，当我们考虑如何扩大社区规模时，我们首先会观察社区成员已经自发采取的行动，然后思考如何支持他

① 维塔利克是以太坊创始人维塔利克 · 布特林的名字。——编者注

们。以 PROOF Collective 的 Moonbirds NFT 系列为例，当一个名为 Ladybirds 的女性 Moonbirds 持有者群体出现时，PROOF 团队帮助其领导者安排线上和线下活动，通过在社交媒体上扩大 Ladybirds 的影响力，让其他持有者知道 Ladybirds 的存在，从而支持她们的 Discord 服务器成长。

另一个 NFT 项目是 Crypto Coven，注意到它的用户在 Twitter 上发布了他们现实生活中的照片与其 Crypto Coven 女巫 NFT 并列的照片，配文是“Web2 时代的我”和“Web3 时代的我”。许多女巫 NFT 持有者在现实生活中看起来和他们的 NFT 非常相似，有些看上去则截然不同。随后，该项目的创始人和团队开始在 Twitter 上分享他们自己的“Web2 时代的我”和“Web3 时代的我”，同时 Crypto Coven Discord 服务器的成员鼓励彼此分享。于是这个活动在 Twitter 上迅速传播，Crypto Coven 社区的凝聚力借此机会大大增强。与 PROOF Collective 团队和 ConsenSys 营销团队类似，Crypto Coven 的创始人也是从观察他们的受众开始的。他们通过了解并加强新兴社区的模式和偏好获得了成功，而不是采用自上而下的策略。**Web3 营销人员并不总是认为自己拥有最好的想法，相反，他们将社区视为灵感和数据的源泉，致力于加强已经存在的东西。**

Web3 社区的形成既来源于内在奖励，也来源于外在奖励。如果项目确定了其独特的目标受众对两者都持开放态度，就应该立刻去尝试这两种奖励方式。好奇的科学家和工程师通常会被那些推进 Web3 技术发展的项目吸引。他们可能想要了解项目的工作原理、结识志同道合的人并交流思想。与此同时，他们可能也会被经济激励驱使，开始尝试使用特定的 dapp 或参与漏洞赏金计划。

漏洞赏金计划是项目激励社区成员发现其代码漏洞的绝佳工具。黑客们通过发现项目代码中的缺陷并向团队报告来获得经济奖励。在代码上线之前修复缺陷可以避免项目在后期受到可怕的攻击。Web3 dapp 被认为是抗脆弱的，这意味着它们越遭受攻击就越强大。比特币和以太坊被广泛认为是安全的，因为多年来有如此多的人为了潜在的巨额回报而试图攻击它们，如果不安全的话这些人早就已经成功了。较新的项目仍然需要通过漏洞赏金计划和正式审核来进行代码的实战测试，以获得更多用户对其价值的信任。

非开发人员或工程师的社区成员也可以为 Web3 项目的成功做出贡献。例如，表情包比赛是社区激励内容创作的极好方式。成千上万的粉丝与一个小型的中心化营销部门一样，有可能（甚至更有可能）发现一个项目或团队最有趣或最具吸引力的方面。然而，比 A/B 测试[①] 更好且成本更低的测试方法是社区成员对最佳内容进行投票。然后，项目、团队和社区将在诸如 Twitter 之类的平台上分享关于项目的获胜表情包，以推动项目的发展。在 Web3 中，营销人员不需要自己完成所有工作，相反，他们应该通过奖励等方式创造条件，让具有适当技能和动机的人与他们一起工作，实现共同的目标。

然而，随着社区的发展，通过外在奖励可以实现的目标是有限的。以太坊基金会仍然以拨款的形式向在以太坊上构建基础工具的项目提供经济奖励，这有助于扩大生态系统，但不一定能为创建者提供直接的经济回报。然而，以太坊基金会并没有制定一揽子政策来激励开发者在以太坊上而不是其他 Layer 1 区块链平台上开发应用。这是因为以太坊已经是绝

① A/B 测试是一种将网页或应用程序的两个版本相互比较以确定哪个版本的性能更好的方法。——编者注

大多数 Web3 开发人员的首选 Layer 1 区块链。而且，这也不符合以太坊基金会的惯常做法，因为它认为构建最好的技术平台就可以吸引开发人员。其他 Layer 1、Layer 2 项目和 dapp 几乎都会向任何开发人员付费，让他们在自己的平台上进行构建，以产生更多的用例和活动。但这只在一定程度上有效：如果开发人员只是因为可以得到报酬而使用某个特定平台，而不是因为该平台最适合他们的用例，那么一旦停止提供报酬，他们就会停止使用该平台。在新平台生命周期的开始阶段，对开发人员提供外在奖励可能是一种有效的从零到一的机制，以推动平台的早期使用，但如果开发人员在没有了外在奖励时就不再使用该平台，前期投资就无法产生长期的回报。

评估 Web3 平台的最佳方法之一是观察开发人员在没有被付酬的情况下使用哪些平台，或者哪些平台具有可以持续提供回报的代币经济模型。如果项目花费的用户获取成本超过用户为平台提供的价值，资源最终将会耗尽。营销人员应该确保外在奖励真正有助于项目规模的增长，而不是仅仅使用户期待更多奖励。此外，他们也不应忽视内在奖励的力量。早期的以太坊聚会之所以成功，并不是因为它们提供啤酒和比萨，聚会真正提供的是社区和身份认同。以太坊是一项新颖的技术，其周围聚集了极其聪明的人。当计算机科学家和开发人员接触到它时，他们想将其作为自己专业身份的一部分。他们担任当地的以太坊组织者，并花费自己晚上和周末的时间组织聚会。由于对技术着迷且愿意将其融入自己的身份，他们的内在动机往往带来经济回报。那些在组织以太坊聚会方面扮演重要角色的人建立了自己的网络，并成为 Web3 创业公司中的顶级候选人，或者成为对风险投资者有吸引力的 Web3 创始人。营销人员应该了解他们的受众在短期和长期内对不同激励机制的反应，不论是内在的激励，还是外在的激励。

在 Web3 营销中了解受众并不仅仅意味着熟悉现有的 Web3 社区。考虑一下传统或 Web2 公司的 Web2.5 转型项目，或者面向尚未进入 Web3 行业的 Web3 原生项目，这些项目的目标受众可能对 Web3 完全陌生。以 Audius 为例，它是一个 Web3 音乐流媒体平台，Serotonin 在 2020 年秋季帮助它推出了代币。大多数 Audius 的听众并不了解 Web3，而 Audius 也不希望用加密代币的术语向用户传达信息。Audius 的用户喜欢音乐，自然想了解艺术家和歌曲，而不是 NFT 和代币经济学。但 Audius 还想通过追溯性分发来推出一种代币，以此奖励过去的用户，使他们与团队保持一致，并构建一个持续发展的社区。因此，我们需要一种通俗易懂的方式将加密代币分发给音乐爱好者，我们的任务是建立与受众连接的渠道来传递它们的作用而不是它们的工作原理，同时使用户方便快捷地领取他们的代币。

我们决定举办一场音乐会。那时正值新冠疫情最严重的时期，每个人都被困在室内。乐迷们因无法现场观看他们喜爱的艺术家而转向 Twitch 等平台观看直播。Audius 邀请了电子音乐制作人 Deadmau5 在 Twitch 的首页做直播演出。用户一旦登录到平台，就可以观看 Deadmau5 的表演。屏幕上有一条横幅，上面有简单的文本来指导用户领取他们的 AUDIO，也就是 Audius 的代币。这场音乐会取得了巨大的成功，Audius 追溯性分发代币的做法，使一些通过 Audius 向粉丝直播的艺术家在单笔交易中获得的收益超过了整个萧条的 2020 年的全年收入。

无论是艺术家还是音乐爱好者，在我们的营销活动中都不会接收到关于区块链的技术内容。如果他们想要了解更多有关代币的信息，可以在首页搜索或点击进入一个单独的指定页面。这种清晰的受众细分和特定的访问流程，使那些对加密货币感兴趣的用户能够进一步了解代币信息。大多数用户只想知道 Web3 是什么，只关心领取他们的 AUDIO 代币并继续使用该产品，而不关心 Web3 背后的原理。非 Web3 受众并不关心一个产品是否使用了区块链技术，他们最关心的是产品对他们的价值，比如 Audius 的用户最关心以低廉且直接的方式获得他们最喜欢的且在其他地方找不到的音乐。而对于一个以能源为重点的项目来说，用户最关心的可能是以更便宜的方式购买能源；对于一个游戏项目来说，用户最关心的可能是如何访问最喜欢的游戏。大多数人并不关心他们所使用软件的底层技术，营销人员则需要判断在 Web3 中这种情景何时会真实发生。

在我们的 Web3 转型实践中，我们甚至有完全移除 Web3 语言的项目实例。Serotonin 的 NFT 电子商务软件分支 Mojito 与 NBA 的密尔沃基雄鹿队合作开展了一个项目，球迷有机会根据他们过去与雄鹿队的互动（比如参与比赛），通过追溯性分发来领取 NFT。我们避免使用 NFT 这个词，而是将 NFT 称为数字会员卡。我们与雄鹿队一致认为，我们不想让球迷觉得我们在尝试向他们销售某些东西。相反，我们只是试图发放奖励并使他们融入社区。这些数字会员卡确实是数字会员卡，因为持有者可以访问一个在线社区，享受福利（如比赛门票折扣），并与他们最喜欢的球员直接互动。类似地，Reddit 推出了一系列 NFT，并完全摒弃了区块链语言，简单地称之为数字藏品。

随着 NFT 的普及，最终可能不再需要使用 NFT 这个词，我们可能会看到更多像数字会员卡或数字藏品这样的描述。在网络早期，网络商店会被称为网络商店，而今天它只被称为商店。随着 Web3 和元宇宙成为我们生活中的常见事物，我们可能不再使用这些名字来称呼它们，而只是称之为互联网（或现实）。

在 Web3 的发展过程中，新的 Web3 项目很可能吸引了一批 Web3 原生用户和 Web2 用户。Web3 原生用户会使用像 MetaMask 这样的自主托管钱包，如果一个平台强制他们使用中心化的托管钱包，他们会提出抗议。他们期望与项目团队直接互动，也期望因为成为早期采用者而获得奖励。然而，首次进入 Web3 的 Web2 用户可能没有钱包。他们如果没有足够的动力在复杂的用户体验中完成每个步骤，就会从营销漏斗中掉出来。他们习惯于被当作消费者对待，期望与项目团队保持一定的距离，可能不愿意加入像 Discord 这样喧闹的通信渠道，而这些渠道恰恰是 Web3 社区的主要平台。

Web3 原生用户可能会表现得过于活跃，甚至有些像垃圾广告制造者，而 Web2 用户可能会对此感到害怕和怀疑。了解到 Web2 用户和 Web3 用户一样都会出现在自己项目的“门前”，Web3 营销人员可以换位思考，想象一下 Web2 或 Web3 用户的心态和期望。这有助于我们设计出兼顾两者需求的信息传递和入门方式，并为那些来自 Web2 的用户在了解 Web3 的“旅程”中提供引导。

Mojito 提供了一个很好的示例。在构建 NFT 电子商务基础设施时，Mojito 使得像苏富比这样的卖家能够在自己的网站上销售 NFT，而不是在第三方网站如 OpenSea 或 Nifty Gateway 上销售。Mojito 意识到需要同时满足 Web2 和 Web3 用户的需求。它开创了一种渐进式去中心化的钱包，这种钱包易于使用并接受信用卡支付。虽然钱包最初是以“多签”（multi-sig，拥有多个私钥的多签名钱包）的形式进行集中保管的，但用户可以选择将 Mojito 从多签中移除，并在需要时将钱包变更为自主托管。随着 Mojito 用户对 Web3 的了解越来越多，他们使用平台的方式也可以与之相适应。Web3 原生用户也可以使用自己的 MetaMask 或其他 Web3 钱包。为了满足用户的需求并为他们的 Web3 之旅保驾护航，软件、用户体验和市场营销的创新都是必要的。

我在 ConsenSys 和 Serotonin 工作期间发现一个反复出现的模式：购买代币的人只购买代币，购买 NFT 的人只购买 NFT。当然，这一模式也有例外情况。Dapper 与 NBA 合作的 Top Shot NFT 项目非常引人注目，因为其中很大一部分购买者是 NBA 球迷，而不是 Web3 社区的成员。[2] 其他知名品牌推出的 NFT 也吸引了与品牌粉丝不成比例的人数，而不是 Web3 原生用户。然而，目前这种情况仍属于例外，不是普遍现象。与拥有粉丝群体的品牌合作的营销人员应该了解这些受众，特别是关注他们中的一些群体是否已经进入 Web3。已经是 Web3 原生用户的现有受众最有可能购买 Web3 产品，对品牌高度忠诚但不是 Web3 原生用户的粉丝也可能购买 Web3 产品，除非后者有很强的动力，否则转化他们通常需要更高的门槛，比如为 Web2 受众提供简单的用户体验和明确的解释性内容。无论是面向有 Web3 原生用户还是无 Web3 原生用户的项目，都应默认 Web3 产品的购买者最有可能是 Web3 原生用户，并且应花时间了解他们对 Web3 社区的偏好，以便为他们量身定制产品和营销策略。

总之，今天大多数购买代币和 NFT 的人至少在某种程度上是因为其潜在的价值，并且对影响代币增值的因素有一定的了解。这些因素包括团队经验、代币经济模型设计、社区规模、增长率、以往的历史价格和项目路线图。一支经验丰富的团队和出色的业绩表现是吸引投资的关键要素。代币经济模型应该展示出如何刺激需求以及需求增加带动价格增长的机制。业绩指标也很重要，比如 Twitter 的关注者、Discord 社区规模与其参与程度的相对关系，低参与度可能意味着关注者是机器人或社区成员是水军。一个雄心勃勃且可信的路线图也是建立投资者信心的要素，包括引发阶段性增长的催化剂，如推出 dapp、元宇宙土地空投或可替代代币。对于试图向之前从未购买过代币或 NFT 的社区销售代币或 NFT 的项目，我们应格外小心，要验证这些社区成员是否真的会购买。

当涉及引导受众并分析他们如何与 Web3 项目产生联系时，除了参考成功经验，我们还可以从失败中汲取教训。Civil 是一家 Web3 新闻创业公司，曾是 ConsenSys 投资组合的一部分，它发明了一种激励本地记者的新业务模式。Civil 计划向新闻读者出售代币，除了其他好处，这些代币还使读者能够访问由新闻编辑部生成的内容。曾在《赫芬顿邮报》和 Slant 工作的我，对这个项目非常着迷，并成为其董事会成员。因此，我目睹了其代币发行的失败。尽管 Civil 当时吸引了比我见过的其他任何项目都多的潜在代币买家，但购买 Civil 代币的步骤对于非 Web3 用户来说过于复杂，导致他们放弃了（Web3 营销渠道是本书第三部分的主题）。Web3 营销人员不应该指望从未购买过代币的受众，会在发行日突然去购买代币。在要求受众做某些新的事情时，营销人员应该测试和优化渠道，以确保其真实转化率。发行日当天发生的事情应该经过预先测试，永远不应该是一个开盲盒的过程。

相反，我也见证了一些项目的成功，它们原本预计会吸引大多数 Web2 用户，但最终吸引来的几乎全是 Web3 原生用户。在 Serotonin，我们参与了苏富比的 Web3 转型项目。苏富比成立于 1744 年，是世界上历史最悠久、最知名的拍卖行之一，并入选了《时代》杂志 2022 年度 100 家最具影响力公司名单。[3] 苏富比早早看到了 NFT 的潜力，并决定将 Web3 作为其业务的核心部分。在 Mojito 和 Serotonin 营销团队的支持下，苏富比推出了自己的 NFT 电商网站，品牌为“苏富比元宇宙”。他们对将现有客户、传统艺术买家转化为在苏富比元宇宙购买 NFT 的用户持谨慎乐观的态度。但令人惊讶的是，情况出现了反转：Web3 买家涌入苏富比元宇宙，其中许多人还是第一次与苏富比互动。Web3 原生用户很快开始在非 NFT 的苏富比拍卖中竞标传统艺术品，比如 ConstitutionDAO 竞标美国宪法副本的情况。苏富比很快决定开始接受以太币的拍卖竞标，甚至在基于 Web3 的元宇宙 Decentraland 中建立了其纽约拍卖行的虚拟场景，全世界的虚拟参与者都可以观看其实时拍卖并参与竞标。在我们的支持下，苏富比从了解其 Web3 受众中获益匪浅。

了解目标受众的最佳方法是观察他们并提问。以下是一些关键问题，用于确定你的受众是谁以及如何吸引他们的注意。

- 你的产品解决了谁的问题？
- 他们是否已经意识到自己有这个问题？
- 他们当前如何解决这个问题？
- 当前的解决方案存在哪些缺陷或不足？
- 你的产品的哪些价值主张与他们产生了共鸣？
- 这些受众目前活跃在哪些平台上？
- 他们关注的内容或信号是否属于特定类型？
- 他们还喜欢哪些其他产品，这些产品有什么共同之处？
- 这些受众还属于其他哪些社区或群体？
- 他们对任何特定渠道或信息传递方式有抵触情绪吗？
- 他们如何回应内在和外在激励？
- 他们愿意以何种方式为项目提供帮助？
- 我们的社区已经参与了哪些活动？
- 社区成员对这个社区有什么期望？对这个产品有什么期望？
- 他们为什么离开，又为什么会回来？

在 Web3 中，最强大的营销策略源于对产品和受众的深入了解。这是必要的步骤，以确定如何以及在哪里将两者连接起来，并确保在正确的渠道上使用正确的信息传递方式。但首先，项目需要确定谁来做这项工作，这意味着要建立自己的营销团队。

Web3 Marketing

第7章

组建自己的Web3营销团队，从挑选瑞士军刀式的内部员工开始

Serotonin 的客户通常是早期的 Web3 项目团队，在这些团队中，仅有的成员包括创始人、几名工程师和产品专家。当我们初次与他们接触时，他们通常提出的第一个问题是如何构建理想的营销架构。对于一个尚未实现产品与市场匹配的早期项目来说，建立一个轻量而敏捷的营销部门进行测试和实验以匹配目标受众是合理的。团队不应该在营销方面投入大量资源，除非是在发布重要的合作伙伴关系、产品或代币等关键的价值捕获时刻，因为只有在这些时刻，优秀的营销才能为项目带来跃迁式增长。然而，在这些投资回报率（ROI）时刻即将到来之前，项目也需要为自己建立好的营销基础，为成功做好准备。这意味着要确定目标受众，精炼产品的价值主张，并在目标受众表现活跃的渠道中清晰地向他们传递这个价值主张。

在建立营销团队时，项目应根据其所希望触达的受众规模和类型，来选择当前阶段最重要的渠道。一个尚未匹配市场的 Web3 初创公司，很可能从自有和免费渠道开始，随着公司的不断成长以及收集到投资回报率数据后扩展到付费渠道。早期 Web3 项目的自有营销渠道通常包括网站、博客、Discord 服务器和 Twitter 账号。博客可能托管在域名上的内容管理系统（content management system，CMS）中，或可链接到 Mirror.xyz 和 Medium。一些网站会提供通过注册邮箱订阅新闻的选项。低成本的“黑客马拉松”和聚会等活动是有机社交媒体[①]和社区渠道的线下延伸。

早期 Web3 项目的免费渠道包括媒体报道和活动演讲。媒体形式多种多样，包括播客、细分媒体渠道以及主流的国内和国际媒体。线上和线下聚会活动很常见，那些有趣项目的创始人或有强大背景的支持者通常可以在不支付赞助费的情况下获得演讲机会。付费渠道，如重要活动的赞助、举办会议、网络达人付费推广、媒体赞助、实体广告和付费社交媒体广告等，只有在项目能够衡量其投资回报率时才考虑引入。通常情况下，在市场上没有任何产品或代币时，这是不可能的。随着时间的推移，项目可以精确衡量其客户获取成本，并优化付费广告活动，使成本与客户的终身价值（即每个客户可能带来的收益总和）比值尽可能低。

如果一个项目需要定期开展某种类型的营销活动，比如每周发布博客文章、定期组织黑客马拉松或每天参与社区和社交渠道交流，那么就需要专门人员来负责这些渠道。这些人员可以来自内部团队或外部合作机构。组建内部团队有利于增进对产品的了解，其风险在于固定成本过高和人员过剩。早期的营销是试验性的，很难知道哪些方法是最有效的。同时，找到并培训出优秀的 Web3 营销人员可能很困难，而选择合适的外部营销机构则几乎能够立即启动营销团队。

---

① 有机社交媒体是指自然形成的、免费的、互动性强的社交媒体。——编者注

理想的早期营销部门：通才型内部员工和外部机构的组合

根据我们在 Serotonin 的观察，理想的早期营销团队至少有一名内部员工，他作为外部机构的合作伙伴，应当是个多面手，需要进行工作反馈、提供产品信息并确保信息发布获得批准。这位专注于营销的员工还可以代表项目参加线下聚会和线上活动。随着 Web3 项目的发展，产品与市场逐渐匹配，项目会了解到哪些渠道效果最好，以及哪些营销技能组合更专业、更为项目所需要。到了这个阶段，增加内部营销人员是有意义的，同时还要继续聘用外部机构以在必要时提供专业支持（例如媒体关系和活动组织），以及对最好的渠道提供额外的支持，以扩大规模。不断发展的项目会继续保留专注于内容、公关和付费增长等渠道的外部机构，以补充和灵活扩展现有内部团队的技能组合。

一个高质量的外部合作机构不应该让人感觉到它是“外部的”。所有充满激情和动力的团队成员都是贡献者。Web3 正在引领一种流动的工作前景，个人可以自然而然地为多个他们感兴趣的项目做出贡献。一些 Web3 初创公司拥有全职员工，其中的许多人晚上和周末还会为自己的 Web3 项目工作。有些 Web3 项目则以 DAO 的形式构建，没有任何正式员工，每个人都是自发贡献者。个人的工作结构并不一定与他们的动力程度或贡献的价值成正比。在 Web3 中，那种下班后劳累地回家或者为了薪水而朝九晚五的工作方式令人沮丧，也不合时宜。一些最优秀的人才离开了 TradFi 和 Web2 的工作，转而加入 Web3，是因为他们相信这项运动的价值，并希望推动其前进。这种精神渗透到了最好的 Web3 项目中。

这并不意味着Web3初创公司没有自己的问题。市场全天候开放——

夜晚、周末或假期从不关闭，来自投资者的压力，加密货币市场的固有波动性……所有这些都可能使团队处于超速运转和疲劳的状态。DAO 结构可能混乱不堪，导致团队决策速度缓慢。作为一家 Web3 代理机构的创始人，我显然是有偏见的，但我相信像 Serotonin 这样的代理机构可以帮助解决这些问题：通过提高成员的能力来减轻内部团队的压力，并消除去中心化组织的噪声，将决策转化为行动。当我担任 ConsenSys 的首席营销官时，我孜孜不倦地寻找合适的合作伙伴，以实现内部团队和外部机构之间的理想平衡，这在大多数成熟的营销部门中都能实现。当时无法找到一个真正理解 Web3 的机构是我创办 Serotonin 的重要原因之一。

当项目负责人决定雇用内部营销人员时，他们经常问我们是应该雇用已经在 Web3 领域工作过的营销人员，还是应该培训来自 Web2 的新人才。答案并不简单。当我雇用最初的 ConsenSys 营销团队时，并不具备在 Web2 人才和 Web3 营销人员之间进行选择的奢侈条件，因为根本没有后一个选项。如今，在 Web3 项目和公司工作的营销人员已有数千人。在加密货币牛市期间，风投资金不断涌入该领域，项目招聘速度惊人，Web3 原生人才的价格飙升。只有当加密货币价格下跌时，高质量的人才才可能以更实惠的价格供初创公司选择。与此同时，面临前述选择难题的项目应该自问是否有能力为 Web2 人才提供培训，以使其了解 Web3。即使有培训能力，许多公司也根本没有时间培训新人。

在 Serotonin，我们也会雇用来自 Web2 的营销人员，因为我们已经建立了一个内部培训和认证计划，帮助 Web2 营销人员将他们的营销技能转化为 Web3 营销技能（本书包含了很多这些技能）。尽管如此，普通的 Web2 营销人员在 Serotonin 或任何 Web3 营销岗位上可能无法取得成功。因此我们只雇用对 Web3 充满热情的 Web2 营销人员：他们加入了 DAO、Discord 社区和其他团体；他们在个人时间比如夜晚和周末研究 DeFi 或 NFT；他们愿意付出时间和精力来赶上进度。筛选这些个体的过程是一个主观判断的过程，这是我们做出的最重要的决策之一，不仅是为了能够接触更大规模且成本合理的人才，还因为带领我们走到这里的营销思维并不能引领我们到达下一个阶段。

目前，最佳的 Web3 营销实践可能尚未被发现，因为大多数营销人员仍然在 Web2 中工作。我们帮助 Web3 发展的一个重要途径是为人才从 Web2 向 Web3 迁移开辟高速通道。就像从 2012 年开始的投资者通过 Coinbase 等平台将资产从法定货币向比特币进行转移一样，如今正在进行另一种类型的资产转移。那些刚开始步入职业生涯或在公司中寻求定位的个人正在学习 Web3，并且主动表示愿意成为他们所在组织和社区中的“区块链专家”或“NFT 大拿”。尽管加密货币价格涨跌不定，投资者在各种赌注中进进出出，但当有才华的人努力了解 Web3 生态系统并争取把他们自己的标签确定为 Web3 专家时，他们通常会留下。这就像以太坊聚会组织者的故事：Web3 成为个人身份的一部分，这本身就是一种个人层面上的质押机制。我们推动这场运动发展的一个关键方式是向新一代专业人士介绍 Web3 的底层架构和它提供的机遇。任何 Web3 项目都可以通过雇用和培训来自 Web2 的优秀专业人士来使他们加入这个使命。

Web3 Marketing

第 8 章

根据SMART原则制定关键指标：具体，可衡量，有雄心，现实，有时限

在每个项目或营销活动开始时，营销人员及其团队应根据明确的指标来定义成功。这些指标应使团队专注于实现结果，而不是在投入上过度思考。例如，“本季度发布三篇博客文章”不是一个很好的营销目标，因为如果这些博客文章没有被广泛传播甚至没有人阅读，就不可能为项目带来有意义的结果。发博客文章的目的是引流到网站，或者引导用户下载产品或加入社区，而不只是为了发布而发布。如果设定“本季度发布三篇博客文章”的目标，团队就会开始混淆投入和产出，最终他们会困惑营销为什么没有起作用。

设定优秀的 SMART 目标

一个更好的营销目标是“通过博客文章在本季度吸引 1 万名网站访客”。这是我们所说的 SMART 目标。

- 具体（specific）：不含糊，明确说明要实现的目标和涉及的步骤。
- 可衡量（measurable）：包括确定成功的定量 / 定性指标。
- 有雄心（ambitious）：目标不要太容易。
- 现实（realistic）：目标不要太难。
- 有时限（time-bound）：在一定的时间范围内评估 / 实现目标。

对于 SMART 目标中字母代表的含义，有许多不同但相关的版本解释，以上是我们采用的解释。这种解释符合我们在 Serotonin 实施的目标和关键结果法（OKR），用于表达目标和实现目标的可衡量结果。[1]

以下是一些优秀的 SMART 目标的营销 OKR 示例。

目标一：在第四季度末使我们的DeFi协议成为行业领导者

关键结果 1：实现比竞争对手 x 和 y 更高的 TVL。

关键结果 2：实现比竞争对手 x 和 y 更高的总交易量。

关键结果 3：Twitter 粉丝数量增长 100%，同时保持当前的用户黏性。

关键结果 4：将 Discord 社区成员发展到 10 000 名，同时保持用户的高质量，高质量用户即为对参与感兴趣而不仅仅是对奖励感兴趣的社区成员。

目标二：在三月份向NFT购买社区推介我们的收藏品

关键指标 1：在月底前以 0.5 以太币的铸造价格销售 10 000 个 NFT。

关键指标 2：将至少 2 000 名 NFT 持有者转化为 Discord 社区成员。

关键指标 3：在三月份出现在两个 NFT 行业的播客或媒体平台上。

关键指标 4：在 Twitter 上举办一个由 200 名听众参与的项目讨论会。

目标三：利用我们的融资公告推动dapp在发布时的使用

关键指标 1：建立一个营销漏斗，以便那些从融资公告中了解到品牌的新潜在用户能够轻松地转化为 dapp 用户。产品团队必须在融资公告发布时及时准备好 dapp。

关键指标 2：与一家顶级独家媒体合作，报道融资公告。

关键指标 3：获得加密货币媒体至少 5 篇的后续报道。

关键指标 4：在公告发布后的一个月内吸引至少 10 000 名用户使用该 dapp。

目标四：在第二季度末之前，发展我们的社区，使其能够承担起一定的团队职责

关键指标 1：培训并雇用 10 名社区成员作为社区管理员。

关键指标 2：激励社区成员使用我们的协议构建至少 3 个 dapp。

关键指标 3：培训 5 名大使，协助我们解答线下黑客马拉松活动的参与者关于如何使用代码的问题，这样我们只需派遣两名团队成员去参加活动。

关键指标 4：推出一个漏洞赏金计划，激励社区成员寻找漏洞。

Web3 项目最常见的营销目标是扩大受众或社区，并使他们使用或购买产品。每当项目推出新产品或新功能时，都可以重新定位目标受众，并逐渐将他们变成项目最热情的贡献者和新机会的推荐者。好的营销 OKR 应该覆盖营销漏斗的每个阶段。例如，应该设定漏斗顶部活动的 OKR，比如利用媒体和内容等来推动发现的进展；还应该设定关于漏斗中部活动的 OKR，比如为社区成员举办黑客马拉松活动，以让他们开始使用项目。通常，在最终确定 OKR 之前，营销人员和团队成员应该自问：“如果本季度实现了所有这些目标，我们会取得成功吗？”OKR 应该是成功的路线图。我们可以从期望的成果向前倒推，并罗列出实现这些结果的具体步骤。

Web3 营销指标既可以是定量的，也可以是定性的，只要行动质量可以被明确定义。例如，许多 Web3 项目痴迷于不计成本地增加 Twitter 粉丝和 Discord 服务器。这些项目通常会购买关注者或社区成员，或者

推出赠送程序，即只要有人加入就会空投免费代币或 NFT。对于营销人员来说，这种做法往往是一个陷阱，因为它吸引了那些实际上并不关心项目的人进入社区，而且一旦他们领取了短期的外部奖励，就会离开，项目并没有因此变得更好。虚荣指标，如高关注量的 Twitter 账号和庞大的 Discord 社区，可能会给某些风险投资者留下深刻的好印象，但明智的投资者知道要将关注者的数量与质量进行比较。如果一个渠道有 10 万名成员或关注者，但每个帖子只有一两次参与度，一个聪明的投资者或潜在的社区成员很容易看出这些关注者或成员是不真实的。如果一个项目的渠道充满垃圾信息，这也表明项目的实际产品与其吸引的早期社区成员之间存在明显的不匹配。项目在吸引早期社区成员时应该谨慎选择，除非他们想从零开始启动新的渠道，否则项目将终身困在自己的社区里。

Web3 营销的真正目的：围绕项目建立真正的社区

营销人员不应该像众所周知的回形针最大化 AI 一样，过于专注表面的增长指标，而忽略了这些指标的真正目的——围绕项目建立真正的社区。[2] 项目发布内容的质量和聚集的人员将对其长期成功产生巨大影响。Web3 营销人员不应该为了数量而牺牲质量。他们应该认真工作，识别对他们的产品感兴趣的受众或根据受众需求进行产品升级，并通过测试和迭代开发正确的信息传递过程，以吸引这些受众进入社区。精心设计的奖励计划可能有效，但购买低匹配度的关注者会永久地破坏渠道。

目标应该是有雄心的，但不是不可能达到的。通常在一个季度结束时，如果完成了大约 85% 的营销目标，我们就会感到满意。显然，100% 的完成度更好，但如果我们轻易达到了 100%，就会怀疑当初设定的目标是否太简单了。我们许多人都迷恋于获得 A+ 或 100 分的成绩，但更重要的是要设定高目标。话虽如此，将目标设定得过高也会让营销团队失去动力。一个拥有 10 个 Twitter 关注者的新项目很少能在几个月内拥有 10 万个 Twitter 关注者。因此不要设定不切实际的营销目标。正确的做法是，跟踪以前的基准指标和增长率，并与类似规模的项目进行比较，通过研究以确定目标实现的可能性。

一旦营销团队已经就位，了解了产品和受众，并明确了营销目标，就到了设计一个 Web3 营销漏斗的时候了。

Web3
Marketing

第三部分

Web3营销漏斗

与 Web2 营销的做法不同，
我们专注于利用 Web3 的
基础结构设计自营销系统，
通过激励用户、开发者和
投资者组成一致的社区，
共同推动项目增长。

Web3
Marketing

第 9 章

Web3营销漏斗：发现，参与，使用，保留

Web3 的营销活动与 Web2 截然不同。想象一下在 Web2 上为软件或消费品开展营销活动，这个活动大概率包括在 Facebook、Instagram、谷歌和 Twitter 上发布付费广告。营销团队上传创意（即广告的视觉元素）、撰写文案、用信用卡支付费用，并选择他们想要触达的受众。他们可能会先小规模地测试几种创意和文案的组合，确定哪种方式最能将社交媒体平台上的用户转化为产品网站的访问者。他们会进行 A/B 测试，优化网站以将访问者引导至购物车，然后在投资回报率最高的渠道上扩大开支（也就是营销术语中的“投资金额”）。他们通过在网站上使用 Facebook 或谷歌像素[①]，跟踪用户在网站上的活动，从而轻松收集有关目标受众的数据并重新定位访问者。他们使用谷歌分析和其他平台如 Mixpanel，持续监控整个过程的每个步骤，解决可能遇到的任何阻碍。

① 谷歌像素（pixel）通常是一个高度和宽度只有一个像素的微小图像，由此得名。

专注于利用 Web3 的基础结构设计自营销系统

当我开始在 ConsenSys 组建营销团队时，我遇到的传统营销人员大多都具备这样的技能。他们痴迷于测试和优化付费广告。他们在工作中大量使用数字和行业术语，将大部分时间花在盯着 Facebook 的广告管理器上。在 Web2 环境中，由于很难确切地将销售成果归功于营销活动，营销人员的价值可能不够明显，因此他们倾向于使用科学术语来描述他们的工作方法，以增加其工作的可信度和专业性。在我看来，这是没有抓住重点。营销中的数字和分析只是对现实的描述，而不是现实本身。引人注目的故事和图像驱使用户采取行动，随后的指标则只能回顾性地展现故事的效果。Web2 营销人员迷失了方向，忘记了在一堆数字中讲故事的重要性。

毫不奇怪，当我为 ConsenSys 招聘营销人员时，遇到的传统营销人员对如何将去中心化技术生态系统引入市场感到困惑。通过付费的 Facebook 广告活动是无法接触新的以太坊用户的，确定一个学习 Solidity 的开发者的客户终身价值，并将其与获取这个“客户”的成本进行比较，以便实现以太坊的投资回报率，也是一种毫无意义的方法。

雪上加霜的是，当时的主要 Web2 营销平台 Facebook 和谷歌已禁止在付费广告中使用加密货币术语。如果它们的算法在文案中检测到 Web3 术语，即使是像“代币”或“区块链”这样的词语，广告也会被自动标记和移除。在 2017 年，从 Facebook 到 MailChimp 的 Web2 平台都对被指控推销未注册证券而感到恐慌，因此拒绝接受加密货币公司的资金。

我对此感到非常高兴，因为我们不会通过向 Web2 平台付费来推广 Web3。没有了这些数据平台的束缚，Web3 营销人员可以自由地回归创造性的根源——讲故事和黑客技术。Web2 营销是一种大型数据平台策略，供应商必须每天付费才能继续接触自己的受众，因此始终依赖 Web2 平台。公司必须永远在第三方平台上运行广告以保持收入增长，而收入只是获客成本和其对公司终身价值之间的差价。

与 Web2 营销的做法不同，我们专注于利用 Web3 的基础结构设计自营销系统，通过激励用户、开发者和投资者组成一致的社区，共同推动项目增长。**Web3 营销就像为一棵新种下的树立桩支撑。支撑是暂时的，而一旦其根系生长发育，树就能独立。**但完全自营销的 Web3 项目并不会自发出现和自我推广。Web3 营销人员的工作是在社区能够接管项目之前启动增长的“飞轮”。营销人员需要先引导需求，才能为新的 Web3 项目启动这个增长“飞轮”。

设计 Web3 营销漏斗

有时需求已经存在，只需要将其引导到满足需求的平台上即可。然而更常见的情况是，Web3 营销人员需要从零开始刺激用户对产品的需求，然后将其引导到一个能将其转化为经济价值的结构中。这种业务增长的模式早在互联网出现之前就存在了。

理解这种模式最好的方式是将其想象成一个漏斗。漏斗的顶部是发现，即潜在用户首次接触产品的时刻。发现的时刻是营销人员向潜在用户呈现一个令人难忘、与众不同的价值主张的机会，理想情况下，这个价值主张能够创造自己的品类（稍后详细介绍）。如果价值主张被正确传达并与目标受众产生共鸣，潜在新用户将进入漏斗的第二个阶段——参与，在这个阶段他们将积极探索如何使用产品。如果进展顺利，潜在用户将转化为实际使用产品的用户。

潜在用户转化为实际用户后，营销人员的任务还未完成：不仅必须转化用户，还必须保留他们，否则就面临失去网络规模效应或受到竞争对手威胁的风险。一个破损的漏斗可能会在侧面和底部出现漏洞，而一个设计良好的漏斗应该是完好且顺畅的，在每个步骤以最小的摩擦力来转化用户。

营销漏斗的步骤是由一系列连续催化剂串联起来的，营销人员称之为行动号召（calls to action，CTA）。在每个 CTA（例如“点击下载”）处，用户可以选择是否进入下一步。CTA 是衡量漏斗是否有效运作的理想节点。在每个步骤中，营销人员要对抗冷漠、怀疑和惰性等力量，这些力量可能阻止营销漏斗的形成或在后期破坏它们。一个营销漏斗可能整体上是有效的，但在某个步骤上可能存在中断或漏洞，从而导致用户流失或停滞。

营销人员的工作是设计漏斗，监测每个步骤中的 CTA 催化剂，并在它们不起作用时决定是修补个别漏洞还是重新设计漏斗。修补漏洞通常是通过尝试新的信息传达方式、不同的渠道甚至不同的目标受众。这些尝试应该在尽可能少的经济投入下进行，直到一个渠道被证明能带来较好的投资回报率。然后，营销人员应该扩大投资规模。这就是现代营销学的原理。现在我们可以深入设计一个 Web3 营销漏斗（见图 9-1）。

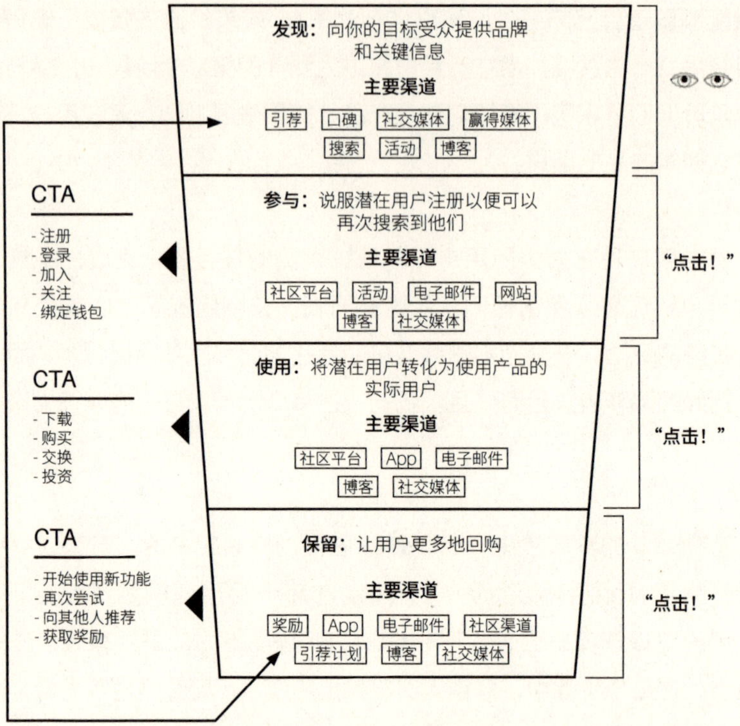

图 9-1　Web3 营销漏斗

注：虽然有些营销指南提出了涉及更多步骤的复杂漏斗，但图中这些步骤对于我们理解 Web3 营销来说已经足够了。

Web3 Marketing

第 10 章

发现，潜在用户首次接触产品

发现是营销漏斗的顶部，是潜在用户与产品的首次接触，它引导了随后的所有活动。在本章中，我们将探讨发现之前的动机，以及 Web3 产品如何在拥挤的市场和媒体环境中获得突破。

发现用户的需求

在发现之前，潜在用户可能已经意识到他们需要特定的产品或服务了。如果用户想要从 OpenSea 的一个收藏集中购买 NFT，OpenSea 就会提醒用户连接他们的 Web3 钱包。现在用户知道了（如果之前不知道的话）他们需要一个钱包，下一步就是选择要下载哪一个钱包。像 OpenSea 这样的平台可能会推荐几个主流钱包，比如 MetaMask，或者用户可能需要自行寻找一个。他们可能会在谷歌上搜索“最受欢迎的

Web3 钱包”，然后会看到受到赞助的谷歌广告，其中包括希望吸引用户使用他们钱包的公司以及介绍主流钱包的媒体网站。目前，MetaMask 几乎在所有这些推荐列表中名列前茅，此外还有 Rainbow、Trust Wallet、Coinbase Wallet 和 MyEtherWallet。用户可能会得出结论，MetaMask 是最值得信赖的，因为它是最常见的搜索结果。然后他们将前往 MetaMask 网站，并按照提示在 Mac 或 Windows 上下载 Chrome 扩展程序，将扩展程序添加到 Chrome 浏览器中，或下载手机 App。

这个例子展示了营销漏斗的运作机制。在漏斗的顶部是发现，也就是潜在用户首次了解 MetaMask 的那一刻，在这个例子中表现为 OpenSea 的钱包推荐或谷歌搜索结果。当用户访问 MetaMask 网站时，便启动了漏斗的下一个步骤，即参与。访问 MetaMask 网站后，用户通过下载扩展程序继续进入漏斗的下一个步骤，即使用。最后，营销漏斗的底部是保留，用户每当需要 Web3 钱包时都会一次又一次地返回 MetaMask。钱包是一个特别具有黏性的产品，因为一旦用户向 Web3 钱包注入了代币，相较下载一个新钱包，继续使用已经有资产的钱包对他们来说是麻烦最小的。然而，如果用户发现钱包无法满足他们的使用需求，就可能决定更换钱包。这可能是因为他们想要使用的平台不接受他们的钱包类型，或者钱包缺乏他们需要的功能，比如显示 NFT。在营销漏斗的底部，用户仍然有“掉出”漏斗的风险。

与 OpenSea 和 MetaMask 的例子不同，潜在用户可能还不知道他们想要一个产品或服务。也许用户并没有主动意识到自己可以用这个产品解决某些问题。想象一下，一家 Web3 初创公司的财务负责人，以代币的形式部分补偿员工。她可能认为在链上手动执行每笔交易是她工作中的正常操作，而不知道像 Franklin 这样的新产品（一个于 2022 年从 Serotonin 产品工作室中分离出来的 Web3 原生薪酬平台）。Franklin 首先必须接触到她，并让她相信自己有一个待解决的问题。由于这位财务负责人并没有在谷歌上搜索“加密货币薪酬”，因此 Franklin 的营销人员需要找到另一种方式来接触到她：她在 Twitter（Web3 社区中最受欢迎的社交媒体平台）上关注了其他财务负责人，她注意到他们发了一篇关于一个新产品的推文，推文内容是通过自动计算薪酬来缩短财务人员的工作时间；她可能阅读了像 CoinDesk 这样的 Web3 媒体发布的 Franklin 筹集风险资金的公告；她认识的某个人可能看到了 CoinDesk 的文章，并把它发送给她，想着这将帮助她更快地完成工作；她还可能参加了一个行业会议，并听到 Franklin 的演讲……无论这位财务负责人是通过社交媒体、媒体报道还是活动发现了 Franklin，Franklin 的漏斗顶部信息应该能够让她相信自己遇到了一个问题：使用加密货币发送薪酬所需时间比预期的更长，而 Franklin 是一个很好的解决方案。

品牌说服用户相信自己正面临着一个问题，并承诺它们的产品是解决方案，如牙膏广告就是一个著名案例。在 20 世纪初，几乎没有美国人使用牙膏。广告公司高管克劳德·霍普金斯（Claude C. Hopkins）的一个朋友向他提出了一种关于清洁牙齿的新型牙膏的想法，这种牙膏能促进口腔健康，这位朋友将其称为白速得牙膏。于是霍普金斯启动了一场营销活动，提醒人们牙齿上有一层“膜”，他声称这会导致蛀牙，从而使牙齿变得不那么美观，只有用牙膏刷牙才能清除这层膜。突然之间，当人们用舌头舔过牙齿时，就开始注意到这层一直存在的膜，但他们以前从未关注过，更没有认为它是一个问题。每当他们注意到这层膜时，他们就会用牙膏刷牙，以拥有美丽的牙齿。最终刷牙成为大多数美国人的习惯，白速得牙膏成了国际上炙手可热的成功品牌。霍普金斯通过让人们意识到牙齿上的膜是一个问题，并且说服他们白速得牙膏是解决方案，实现了从零开始刺激人们对一种新产品的需求。[1]

“刀刃之上”的品牌传播

即使是最成功的 Web3 项目，也曾经在某一刻需要说服潜在用户相信他们正面临某个问题，然后说服他们该项目提供的产品可以解决这个问题，从零开始刺激用户需求。这个过程始于发现这一时刻，也就是营销漏斗顶部的第一个阶段。在发现阶段，营销人员的目标仅仅是将他们的品牌和关键信息展示给目标受众。品牌是一种概念套装，可以包括文字和图像。好的品牌是令人难忘、与众不同的，而且创造出了新的品类。关键信息是使用简单的语言对产品主要的价值主张进行的精简表达。最好的营销方案是以用户最关心的问题为基础，并呈现解决这一问题的方式。

在 Serotonin，我们努力创造所谓“刀刃之上”的品牌信息传播。虽然产品通常具有多个价值主张，但我们敦促客户从目标受众的角度出发，将其价值主张聚焦到产品最具吸引力的单一特点或方面上。他们通常本能地反对这一做法，因为他们希望自己的产品因其所有惊人之处而闻名，而不是某个单一的价值主张。然而，吸引潜在用户的注意力是困难的，很少有人会停下来阅读一长串的功能清单。在发现阶段，我们希望使用一个引人注目的单一价值主张来撬开用户的注意力之门。一旦这扇门打开了，潜在用户开始关注了，就有机会进一步向他们描述其他功能。例如，沃尔沃被广泛认为是“最安全的汽车”，虽然沃尔沃与其他汽车相比还具有其他优势，比如某些车型具有更高的马力，或者有比其他车型更好的音响系统，但是对于购车者来说，记住一个单一的夸张信息——“沃尔沃是最安全的汽车”，要比记住一长串的价值主张更容易。营销人员在优化产品的关键信息时应该聚焦于最锐利、最明确、最吸引人的单一价值主张，这就是“刀刃之上”的品牌传播。

差异化营销

对于 Web3 项目而言，营销漏斗的顶部发现阶段要通过社交媒体、博客、赢得媒体、演讲活动，以及在用户知道存在问题并有动力解决时的谷歌搜索来实现。潜在用户在一个或多个上述渠道中首次接触到品牌和关键信息。无论目标受众是在浏览 Twitter 动态、参加会议，还是在时代广场散步，多种刺激因素无时无刻不在争夺他们的注意力。一个新的品牌及其关键信息必须在这些场景中脱颖而出。

营销人员可以通过设计与受众期望内容不同的词语和图像的概念组合，来帮助他们的产品脱颖而出。在 Serotonin，我们经常提醒自己，动物园里的斑马与走在第五大道上的斑马非常不同。同样是斑马，但后者比前者更吸引人，这是因为我们在不同的场景中对同一个事物的期望不同。营销人员可以设身处地地想象目标受众在营销渠道中的期望，并确保他们的品牌和信息与这些期望背景形成鲜明对比，从而激发目标受众的好奇心和兴趣。

Serotonin 在实践中的一个示例来自我们与 Web3 衍生品交易平台 Vega Protocol 合作的经验。Vega Protocol 的目标受众是 Web3 原生的 DeFi 用户，因此它在巴黎举办了一场活动，这场活动是在一年一度的以太坊社区会议（EthCC）上举办的。尽管 EthCC 上的大多数 DeFi 创业公司都举办过大大小小的欢乐聚会，但 Vega Protocol 通过邀请国际象棋大师鲁斯捷姆·道托夫（Rustem Dautov）与参会者对决，使这场活动脱颖而出。我们和 Vega Protocol 团队认为，加密货币交易员这个目标群体可能喜欢国际象棋等策略类竞技游戏。在会议上，参会者互相分享他们与国际象棋大师对局的经历，使 Vega Protocol 成为大家关注的焦点。通过将自己的关键信息与同行区分开来，Vega Protocol 成功地接触到了它的目标受众。

打造令人难忘的品牌

营销人员应该努力打造令人难忘的品牌，使其在人们第一次接触该品牌时就能产生深刻的记忆。这在一定程度上是利用差异化来实现的，因为我们往往通过与周围环境的鲜明对比来记住那些吸引我们注意力的事物。记忆也是在不断重复的过程中形成的，就像我们上小学时用卡片和乘法表巩固学习一样。用户通常会在多个渠道上首次接触品牌。如果每个渠道都始终一致地强调相同的信息，用户就更有可能记住该品牌及其信息。

有时，我们的客户会反对在媒体采访、网站文字和活动演讲中使用相同的关键词和短语来描述他们的品牌，尽管我们坚持他们这样做。他们会厌倦反复说同样的话，但每一次重复可能只会触达他们整体目标受众的一小部分。即使我们的客户重复了一万次，就项目的阶段而言，普通目标受众可能只听过他们的信息两到三次。这是从受众角度，而不是项目角度思考的又一个例子。

采用全渠道的整体营销策略是管理受众感知的最佳方式。每个渠道都需要强化其他渠道的信息。多个信息来源共同塑造着受众的感知。如果营销人员只关注单一渠道，比如赢得用户口碑、设计精美的品牌网站或在 Twitter 上发布最佳文案，但忽视目标受众所在的其他渠道，那么最终在塑造受众感知方面就不太有效，因为受众可能在其他渠道上遇到与期望信息矛盾的信息，从而削弱其对品牌的感知。营销人员必须在目标受众所在的各个渠道上发力，精心管理每个渠道。

当我们创办 Serotonin 时，它是第一家 Web3 原生营销公司。我们从一开始就为 Web3 项目所有重要的营销渠道提供支持：品牌设计、媒体关系、内容营销、社交媒体、社群管理和品牌活动。当时也有其他专注于加密货币和区块链的公关公司，但没有人提供全面的整体营销服务。我们坚持要求新客户允许我们与内部营销团队合作并协同管理所有这些渠道。我们的理念是，如果各个团队在没有相互沟通的情况下运营这些渠道，品牌的声音将是一堆不一致的元素令人不悦地拼凑在一起，看上去就像弗兰肯斯坦塑造的怪物一样。只有当所有渠道都得到和谐的管理，以实现共享营销策略中的 OKR 时，才有可能实现项目目标。

我们坚持整体营销的做法让许多客户感到惊讶，他们有时会来找我们说："你们能不能只做公关？"但我认为，现在已经没有所谓的公关或其他单一的营销渠道了，只有感知的海洋。潜在用户会在多个渠道上接触到品牌，每次的品牌体验都会与其他渠道的体验协同作用，从而塑造他们的感知。营销人员应该明确潜在用户可能发现他们品牌的所有渠道，并确保每个渠道上的信息与其他渠道的保持一致，传递主要品牌信息，并有效地引导用户进入营销漏斗的下一步，即参与。

对于一个新的 Web3 项目来说，考虑报道该项目的记者可能会访问其网站和 Twitter 账号，"只做公关"通常不起作用。如果品牌网站上的视觉形象不好，或者 Twitter 账号几乎没有关注者、推文或互动，记者会对该 Web3 项目持怀疑态度，不太可能对其进行报道。此外，即使记者在网站和 Twitter 一片糟糕的情况下仍对其进行了报道，通过该报道发现该项目的新潜在用户将会在进入糟糕的网站后对项目的正当性产生怀疑，也就不会进入参与阶段。

创造一个新类型

在许多情况下，品牌应该努力为自己创造新的类型。品牌应该开创新的细分市场并创造新的产品类型，而不是加入某种已经存在的产品类型。如果一个产品属于某种已经存在的产品类型，那么该类型中就可能已经有一家具有独特竞争优势的领军企业，在人们心目中建立了“刀刃之上”的品牌印象。当我们在谷歌上搜索时，往往只会关注搜索结果的第一页。同样地，在某个类型中，潜在用户只会将有限的关注度去留意那些领先者。最安全的汽车？那就是沃尔沃，脑海中没有其他选择。作为 DeFi 领域的先驱者，MakerDAO 长期以来等同于代币借贷。如今，尽管出现了数千个借贷平台，但只有一小部分如 Aave 和 Compound 等顶尖项目才能被大家想起。作为第一个实现网络效应的 DEX，Uniswap 一直享有行业领导者的优势。即使是今天，在 DEX 流行几年之后，人们脑海中也只会想到几个其他项目，如 Balancer 和 Curve 等。在 DeFi 排名网站上，任何人都可以看到按照 TVL 和交易量排名的顶级 DeFi 项目。访问者会注意到少数几个项目占据了绝大部分份额，并且随着时间的推移，排名开始呈现出帕累托分布规律：已经拥有更多的人，将会得到更多。某个特定类型中发展成熟的领先者越多，意味着该类型中的新产品越需要差异，直到新的类型出现。

如果某项目的目标受众已经使用了类似产品，则该项目证明自身独特性的负担更重。为了克服更换产品的麻烦，目标受众必须具有比开始使用类似产品时更强的动力。比如，当一个新的借贷 dapp 推出时，目标受众会问：“这与 Maker 有何不同？”或者当一个新的 DEX 推出时，目标受众会问：“这与 Uniswap 有何不同？”当一个新的 Layer 1 区块链推出时，目标受众会问：“这与以太坊有何不同？”尽管自以太坊诞生以来，许多基于 Layer 1 的区块链项目相继推出，而且许多项目背后有大型风投公司的支持，这些公司希望能够达到以太坊早期采用者取得的近6 000倍的回报（截至本书撰写时，以太坊价格约为1 700美元），但与以太坊相比，很少有项目达到了实质性的规模。[2]

以太坊是先发优势、网络规模效应的受益者，而且定义了一种新的产品类型——可编程区块链，它处理的交易量在很大程度上超过了其他网络的总和，包括比特币。Layer 1的挑战者需要提供以太坊没有的东西。比较成功的Layer 1网络如Solana和Avalanche，通过解决安全性、可扩展性、去中心化三难问题来强化自身的差异化优势，即优化可扩展性和降低费用。其他Layer 1网络则通过专注于细分的使用场景或目标受众，与以太坊区分开来。例如，Casper可以使用Rust编程语言（Web2开发者常用语言），而非以太坊的主要语言Solidity进行编程。根据该公司的说法，想在区块链上构建应用程序并熟悉Rust语言的开发者可以更快地开始使用Casper。

如果一个产品类型已经有了既定的领导者，新进入者将面临更大的竞争压力。一种选择是瞄准一个子类型的受众或使用场景，但这往往会使项目前景变窄。另一种更好的选择是定义一个新类型，并成为该类型的公认领导者。当营销人员设定品牌信息时，他们应始终考虑产品类型：这个类型存在多久了？是否已经有明确的领导者？如果有，我们的产品如何创建一个不同的新类型？

如果其他项目也开始使用相同的类型名称，营销人员就会知道他们已经成功地创建了一个新的产品类型。新类型的命名应该考虑到产品最核心的差异化价值主张。当用户将其视为不同的产品时，它们就被视为新的类型了。你已经在使用白速得牙膏了，但你是否尝试过牙线？毕竟你的牙齿不仅仅有一层薄膜，还有夹在它们之间需要清理的物质。在Web3中，我们帮助项目定义新的产品类型，这些类型与目标受众最关心的需求相匹配，并与其他类似产品有区别。

当我们与 Audius 合作通过追溯性分发推出他们的 AUDIO 代币时，我们在思考如何向那些关心 Audius 和音乐，而不是区块链和加密货币技术细节的目标受众描述这个代币。尽管 AUDIO 代币拥有治理投票权等许多特性，这对 Web3 代币购买者来说是非常激动人心的，但将 AUDIO 标榜为又一个“治理代币”，对于经验丰富的代币购买者来说是乏味的，对音乐爱好者来说也可能是令人困惑或无聊的，因为这意味着它只是既定类别中的另一个进入者。最终，我们与 Audius 一起决定将 AUDIO 称为平台代币（platform token），向音乐爱好者传达一个信号，让他们知道可以在更高层次上与他们喜爱的 Audius 平台产生共鸣，并向 Web3 原生的代币购买者表明，这个代币集中呈现了一个优雅的设计，提供了从访问治理到白名单权限[①]等多种不同的功能。

当我们与 Republic（一个使创业投资民主化的平台）合作推出他们的首个加密代币 Republic Note 时，我们注意到他们的目标受众对 Web3 不太熟悉。我们和 Republic 团队设计 Republic Note 是为了吸引那些已经在使用 Republic 投资平台的个人投资者。Republic 平台上的投资者不了解他们可以从代币中获得的好处，但他们对投资创业公司的好处很熟悉，比如利润分成和流动性事件后的派息。我们决定为 Republic Note 创造一个新的名称——利润分享代币（profit-sharing token），以清楚地表达我们认为对目标受众最重要的好处。这个名称是名副其实的，因为 Republic Note 持有者将在 Republic 的创业公司退出时获得

① 白名单（white list），有时也被称为允许列表（allow list），是一个经过预先审核的公共钱包地址列表，允许在链上执行特定操作，比如领取物品。

利润。该代币已成功推出，并且现有 Republic 用户转而购买该代币的比例比预期更高。AUDIO 和 Republic Note 的推出均发生在 2020 年，此后许多项目将它们的代币称为平台代币或利润分享代币。我们与 Audius 和 Republic 合作创造了新的产品类型，并通过模拟（mimesis）获得了验证。

刀刃之上的品牌信息传播应始终努力做到与众不同、使人难以忘怀，并在可能的情况下（尤其是在已经存在一个大型领导者的情况下）创造新的类型。

搜索优化

一旦用户知道他们需要某一类产品，比如 Web3 钱包，他们就会通过谷歌搜索来了解可能的选择，我们之前提到的 MetaMask 的例子就是这样。这对于营销人员来说是一种理想的潜在用户，因为他们已经有动机去发现一个产品。营销人员的目标是在用户搜索与他们自己的产品类型相关的内容时，尽可能地使自己的产品在搜索结果中排名更靠前。他们必须首先了解潜在用户在谷歌中可能输入的关键词。

回到 MetaMask 的例子，如果一个用户从 OpenSea 来到搜索页面，并且 OpenSea 上的文案引导他们下载“Web3 钱包”，那么他们很可能输入一些与“Web3 钱包”相关的关键词，比如“热门 Web3 钱包”、“最常用的 Web3 钱包”或者“最安全的 Web3 钱包”。营销人员应考虑还有哪些关键词能够向他们的目标受众推荐自己的钱包。他们的钱包是否最安全？是否最适合展示 NFT？在目标受众搜索的内容和产品的刀刃之上的核心价值之间，最明确的交叉点在哪里？这些问题的答案决定了在网站、博客以及媒体上应该反复出现哪些关键词。

多个渠道长期协同合作，并通过多次重复操作，可以使项目网站在谷歌上获得更高的排名。搜索者点击链接进入产品域名的次数越多，该域名的排名就会越高。这就是为什么对营销人员来说，维护一个持续数月甚至数年的内容发布的节奏至关重要，这些内容应该重复网站上和其他渠道的关键信息。为了获得最多的点击量，内容还应该是有趣和有用的。

我们通常建议项目将内容管理系统集成到其域名中，并以自己的域名发布博客，而不是使用 Medium 或 Mirror.xyz 等网站。在外部博客平台上发布内容会提升该平台域名的权威性，使其在搜索结果中更有可能出现，但不一定会提升项目网站域名的权威性。然而，对于小型早期产品和工程团队来说，使用自己的域名可能是一项艰巨的任务，因为他们更倾向于专注产品开发而非网站内容。不过，如果项目选择了 Medium 或 Mirror.xyz，也不是世界末日。这两个平台在 Web3 中都是标准选项。然而，他们应该记住，在这些平台上发布内容并不一定会为他们的博客文章带来更多的流量。这些是发布平台，而不是分销渠道。在这些平台上发布内容时，营销人员需要通过社交媒体、电子邮件和其他自有渠道来实现内容的传播，就像在自己的网站上撰写博客一样。

使用产品自己的域名并不是在谷歌搜索中“榜上有名”的唯一策略。营销人员应主动联系发布产品清单的网站和媒体平台，以确保自己的产品被包含在内。在我们之前的例子里，这些清单将是热门钱包的列表。老牌媒体公司的网站域名已经具有相当的权威性。获得媒体报道有助于项目在谷歌搜索上获得靠前的排名。

理想情况下，一篇媒体报道的标题应包含产品名称和最重要的关键词。记者不会知道项目希望在标题中使用哪些关键词，而项目通常也无权决定标题的措辞。提高记者使用重要关键词可能性的最佳方法是在采访和新闻资料中多次重复这些关键词。

另一个理想的情况是在知名的外部域名如媒体网站和其他产品网站上超链接到自己的网站。记者通常愿意在首次提及产品时添加指向产品网站的超链接。在文章发布之前，提高记者添加超链接可能性的最佳方式是在推广材料或新闻稿中加入超链接。虽然为了与记者建立良好关系，最好避免在文章发布后请求更改，除非文章中确实存在事实错误，但通常可以跟进已发布正面报道的记者，礼貌地请求他添加超链接。虽然他们可能不会这样做，但在这种情况下，提出请求是无伤大雅的。

当营销人员在自己的域名内操作时，他们对内容拥有完全的控制权；当他们在不受控制的其他域名上工作时，控制该域名的人能决定发布什么内容。作为营销人员，我们的工作是为他们的成功做好准备，来提高他们发布的内容对我们有用的可能性。我们的宣传、新闻稿和采访是我们以自己希望的方式呈现项目的机会，使他们更有可能对我们进行有利报道。

营销人员应该注意其网站流量的来源比例，有多少来自谷歌搜索，有多少来自其他渠道。如果流量来自媒体网站、交易所或其他产品网站，他们应该主动查看指引访问者前往其网站的具体页面，并使用理想的产品关键词和超链接来完善网站内容。如果来自谷歌搜索的流量并不显著，可能是因为新的网站访问者并不是那种有动力的潜在用户。其他渠道如社交媒体可能在引流方面表现更好。或者，有动力的搜索者可能存在，但由于搜索结果的排名低或搜索者关心的内容与当前产品关键词不匹配，他们就无法发现该产品。

在谷歌广告上进行 A/B 测试是一种测试不同关键词组合与受众之间匹配度的好方法。然而，营销人员应当避免使用那些不能很好地代表实际产品的关键词，否则搜索关键词可能只在发现阶段起作用，当网站访客意识到产品实际上无法满足他们需求时，将不会进入参与阶段。即使对于某个产品来说，搜索不是主要的发现渠道，营销人员也不应感到绝望，他们仍应循序渐进地强化关键信息。随着时间的推移和优化，搜索可以成为产品网站的流量来源。

营销人员应始终对产品在搜索中的表现保持警觉。在快速增长的 Web3 领域中，有时项目会购买使用其竞争对手品牌信息作为关键词的谷歌广告。更糟糕的是，有些企图窃取用户私钥的诈骗项目会以一个合法项目的名称投放于谷歌广告。这在顶级 NFT 收藏和追溯性分发的网站上经常发生。一旦发现此类欺诈行为，营销人员应立即向谷歌举报，并在所有自有渠道上提醒社区注意。同时，务必将正确的链接放在自己的账号简介和渠道中。如果竞争对手正在用你的产品品牌名称购买谷歌广告，你应考虑使用自己的关键词和品牌名称进行一个小规模的谷歌广告投放，特别是如果你认为目标受众有可能点击赞助链接的话。如果不是这样，或者由于项目还处于早期阶段无法投资谷歌广告，这也没有关系，项目仍然可以通过自然搜索来参与竞争。

自谷歌在 2018 年 9 月解除了有关加密关键词的付费广告禁令以来（仅在实施 6 个月后），Web3 营销人员就以较小的规模开始使用谷歌广告，主要用于 A/B 测试或保护产品免受竞争对手和骗子的影响。[3] 否则，自然搜索才是重点。虽然 Web2 营销人员在谷歌广告上花费了数十亿美元，但如今大多数 Web3 公司并没有这样做。这在一定程度上是因为

Web3 公司通常仍处于早期阶段，还没有明确客户终身价值和客户获取成本，无法证明在搜索上投入大量资金带来的投资回报率是合理的。

唯一的例外是大型 CeFi 平台，如 Coinbase、Binance 以及现已关闭的 FTX 和 Celsius。CeFi 借贷平台和 DEX 在搜索以及其他典型的 Web2 付费营销渠道上的表现类似于 Web2 公司。重要的是，它们虽然销售与 Web3 有关的产品，但它们实际上并不是 Web3 公司。它们通常没有 Web3 式的策略，无法将投资者、用户和开发人员融合为一个利益一致的社区。实际上，许多这样的公司在 TradFi 股票交易所上市。它们营销的最终目标是增加股东的资产，而不是随着时间的推移发展可持续的、自我营销的社区。在我们关于 Web3 转型和 Web2.5 的最后一节中，我们将详细讨论那些非 Web3 以及尚未完全过渡到 Web3 的公司。随着 Web3 公司的发展，它们正在增加付费营销支出，但不一定是在谷歌广告等 Web2 付费营销渠道上。目前尚不清楚 Web3 初创公司是否愿意支付 Web2 营销人员的费用。如今，大多数真正的 Web3 项目都不使用付费搜索。

社交媒体

如今，通过社交媒体推动发现阶段意味着在 Twitter、Instagram 和 TikTok 等中心化 Web2 平台上开展工作。尽管许多 Web3 领域的人都在努力构建去中心化的竞争平台，但 Web3 营销人员最好在用户活跃的地方与他们相遇，同时还需要保持灵活性，以利用新兴的平台。本章介绍了 Web3 项目获得发现和扩大受众的主要方式，包括从零到一自然地发展账号、利用网络达人效应以及决定是否投资付费增长。

Web3的核心场所：Twitter

不管喜欢与否，很少有人能否认 Twitter 在 Web3 中的核心作用。尽管 Twitter 本身是一个典型的 Web2 平台，但毫无疑问它如今是 Web3 运动的主要社交媒体平台。Twitter 用户与 Twitter 的关系往好了说是矛盾的，往坏了说是紧张的。Twitter 用户通常是 Twitter 的最大批评者。Twitter 联合创始人兼前首席执行官杰克・多尔西（Jack Dorsey）曾公开表示支持比特币而不是其他 Lay 1 区块链，这激怒了 Web3 社区的许多人。但与此同时，Twitter 早早承认了 Web3，并将其技术引入自己的平台，推出了六边形 NFT 个人资料头像，使用户能够验证其 NFT 在 Web3 钱包中的所有权。一些 Web3 社区成员的个人资料头像是六边形的，但其他人选择不使用此功能。Instagram 等其他社交媒体平台也迅速开始在其产品中整合 Web3 技术，尤其是 NFT。

尽管关系紧张，Twitter 仍然是 Web3 的核心场所，也是 DeFi 协议、dapp 和 NFT 收藏品等 Web3 项目最常见的发现渠道。它也是新手了解 Web3 的最佳平台，可以说比任何专注于 Web3 的媒体渠道或课程都要好。在 Serotonin，当我们从 Web2 招募新团队成员时，作为他们 Web3 培训的一部分，我们鼓励他们花时间在 Twitter 上。大多数 Web3 爱好者往往谴责作为 Web2 商业模式典型代表的算法类社交媒体。尽管如此，参与 Twitter 内容互动并让算法提供更多服务，有助于培训我们的新团队成员。在 Web3 平台取代 Twitter 之前，我们应当承认它的作用。

目前，Twitter 在塑造潜在投资者、用户和贡献者的认知方面起着重要作用。当 Web3 原生用户听说一个项目时，他们首先会查看它的 Twitter 账号。一个相对较新但规模庞大的 Twitter 账号能够传递正向的信号。然而，规模并不是唯一标准，精明的访问者还会关注内容和参与程度。垃圾内容会承诺给关注者奖励，这解释了为什么一个项目会有很多关注者。但知情的观察者知道这是一个不好的迹象：以表面上的奖励为基础形成的社区，不会持久存在，也不会推动项目的长期增长。

理想的社区成员不是为了赚快钱，而是对实际使用产品和参与社区感兴趣。有趣的梗，关于产品、投资、合作伙伴关系的新闻和定期更新，文章、播客和博客的链接，以及与其他相关账号的互动等，都在项目的 Twitter 上受到欢迎。只要 Twitter 上的品牌声音保持内部一致，反复强调关键的品牌信息，并与目标受众产生共鸣，成功的 Twitter 内容就可以多种多样。

Twitter 的用户看重创造力和独创性。他们不回避冲突，特别是当他们认为某个 Web3 创始人破坏了他们的社区时。当 Luna 创始人在他的项目崩溃后在 Twitter 上鼓励社区成员继续持有项目代币时，Twitter 用户毫不留情地将他在“广场”公开处刑，他们不会让他逃脱惩罚。Twitter 用户可以很残酷，但有时也会表现出善良和冷静：Web3 创始人之间会协调冲突，互相给予认可，提醒社区更加积极、不要抱团，因为 Web3 的浪潮将托起所有参与者的船只。

Twitter 还有自己的情感亚文化。NFT Twitter 是一个以艺术内容为主、较少使用技术术语的细分社群，以其奇特的互助精神而闻名。相比之下，比特币最大化主义者（bitcoin maximalist）的 Twitter 可能是有趣的，但对外来者来说可能比较粗鲁和冷峻，这取决于一个人更偏好哪种 Layer 1 区块链或代币。

Twitter 上的网络达人具有巨大的力量。用户参与度最高的账号往往是个人账号，而不是 Web3 项目的账号。当我开始在 ConsenSys 工作时，我鼓励卢宾发展自己 Twitter 账号的粉丝和个人品牌，并预期其个人账号的增长速度会超过 ConsenSys 的账号。我们大多数人对人比对产品更感兴趣。我们更容易与讲故事的个人建立更好的联系。公司的 Twitter 账号显然是推广他们项目的渠道；而个人的 Twitter 账号常常是人们表达自己的地方，往往也更有趣。Twitter 对网络达人有较高的要求，期望他们始终如一地为关注者提供价值和娱乐。那些仅仅“推高价格从抛售中获利”或鼓励粉丝购买自己代币的账号，不如分享有趣的梗、相关观点和新闻的账号更令人兴奋。

许多有影响力的 Twitter 账号使用化名，用户可能会对他们隐藏的身份展开猜测。有些人怀疑说唱歌手狗爷（Snoop Dogg）自己秘密运营着 NFT Twitter 网络达人账号 Cozomo de’ Medici。NFT 网络达人 Gmoney 坚持使用化名，他最初在个人资料照片上用他标志性的签名头像 CryptoPunk 遮住了脸。这些用户是谁并不那么重要，重要的是他们为关注者提供了什么。与 Web2 网络达人的商业模式不同，高质量的 Web3 网络达人只为他们关心的产品进行推广，而 Web2 网络达人明星是为了从品牌那里获得足够的报酬来推广产品，通常不管关注者是否真的喜欢。当品牌试图通过 Web2 网络达人或明显只为了赚钱而不关心产品的 Web3 网络达人来吸引 Web3 目标受众时，Web3 原生用户不会买账。在进行付费网络达人营销时，营销人员应该了解他们的受众。Web3 原生受众要求真实性，并要求网络达人对自己的行为负责。

随着 Web3 社区的发展以及传统的和 Web2.5 的企业进入 Web3 领域，目标受众将越来越多地活跃在 Twitter 以外的社交渠道上。我们建议项目在目标受众活跃的主要社交媒体上创建账号。对于我们的一些客户来说，这意味着在领英、YouTube、TikTok 或 Instagram 上创建账号。领英倾向于吸引传统上以商业为主的受众。然而，在 ConsenSys，领英长时间以来是我们发展最快的社交媒体渠道，因为有越来越多的 Web2 商业人士开始研究 Web3。如果一个项目擅长生产视频内容，YouTube 的发现算法会对带有 Web3 关键词的项目产生积极影响，因为 YouTube 的年轻用户偏多，他们在平台上经常会陷入 Web3 的“兔子洞”，一个接一个地刷视频。TikTok 的用户是最年轻的。瞄准 TikTok 用户的项目必须首先了解该平台的特点，不能简单地发布与 YouTube 相同的视频。因为 TikTok 的受众希望看到短小、快节奏的视频，视频的最初几秒就能吸引他们的视觉注意力。Instagram 的目标受众特别适合那些注重美学的项目，例如艺术作品或 PFP NFT 收藏品，以及 Web3 虚拟可穿戴设备。

在除 Twitter 以外的其他社交媒体平台上吸引用户时，营销人员应牢记这些用户可能对 Web3 缺乏经验。相较于 Web3 原住民，非原生用户需要更多的动力才能完成相同的 Web3 营销渠道和产品用户体验的步骤。对于非原生用户，项目必须提供更流畅的用户体验和更详细的逐步引导。所有 Web3 营销人员都应花时间思考非原生用户从 Web2 过渡到 Web3 的过程，因为几乎每个 Web3 项目，无论技术如何，最终都可能成为某个用户进入 Web3 旅程的第一站。与 Web2 相比，现有的 Web3 社区规模较小，如果一个项目不能满足那些已经被 Web2 塑造了期望的用户，就可能会错失巨大的潜在市场份额。下一个 1 亿 Web3 用户可能会在 Web2 社交媒体渠道上发现我们的生态系统。这为 Web3 营销人员提供了一个帮助新用户进入 Web3 的巨大机会。

播种你的社交媒体账号

许多早期的 Web3 公司向我们寻求帮助时，它们的 Twitter 粉丝数量为零。有些公司还没有开通账号，甚至还没有确定品牌名称。在项目初期，总会面临从零到一建立关注者社区的问题。这个问题的答案是，新的社交媒体账号必须借助现有的社交媒体账号来提升影响力。

在进入市场之初，每个 Web3 项目都应该问自己，在 Twitter 或任何项目目标受众所在的其他社交媒体平台上有哪些大型和高参与度的账号会有动机帮助推广我的项目？这些账号可以是创始人、团队成员及其亲朋好友的个人账号，也可以是项目的投资者或支持者的账号，还可以是与该项目合作或以某种方式关联的其他项目的个人和企业账号。这里的“大型”也是相对的，并不是每个项目都能与拥有 10 万甚至 100 万粉丝的账号有联系。

营销人员不应该忽视微小型网络达人或仅有几百名粉丝的账号的影响力。他们应该将所选平台上所有潜在的相关账号分类列出，并将这些账号组织到一个渠道中，团队定期在这个渠道中分享有关项目的推文，并寻求扩散、转发。在 Web3 中，这个渠道通常被称为“支持者渠道”，是早期项目与和它具有共同目标的社区高效共享更新、寻求帮助和在社交媒体上提高转发量的好方法。

一个项目的团队、投资者和合作伙伴可能愿意帮助推广其社交媒体账号，但如果营销人员期望他们主动这样做，那就是不了解人性了。营销人员应该与社区中忙碌的利益相关方建立一种推动关系（而不是拉动关系），积极地发送请求，请求社交媒体账号提供支持和其他形式的帮助，但要注意适度。当项目遇到有兴趣的新人询问如何参与时，将他们添加到聊天群就是一个简单的回答。然后，可以高效地请求他们尽可能多地提供各种支持。

内生网络达人营销

在 Serotonin，我们将列出所有相关账号并组织到一个渠道中的策略称为内生网络达人营销。内生意味着从组织内部产生，与从外部产生的“外生”相对。我们接触到的大多数 Web3 项目与那些拥有相当大规模和参与度的社交媒体账号在经济上是利益共同体或是朋友。但他们通常没有利用这些关系，有时也不愿意这样做。每次要求宝贵的朋友和合作伙伴转发推文，都会让人觉得自己在发送垃圾邮件。

我们不建议以损害关系的方式提出这些要求，营销人员必须站在对方的角度来考虑问题。如果这位具有很大影响力的合作伙伴与项目进行合作，他们很可能愿意发布有关合作的新闻，以展示他们自己是活跃的和有背景的。合作伙伴通常会乐于转发或分享，并附上与自己为何选择该项目相关的评论，因为他们也希望项目取得成功。而且我们大多数人都喜欢帮助朋友，也喜欢展示自己有朋友在处理有趣的问题。

营销人员应确保他们在社交媒体上发布的内容是他们的内生网络达人想要分享的类型，无论是有趣的梗、对 Web3 特定主题的观点，还是最新的产品和合作伙伴公告。如果内生网络达人对这种类型的内容不积极响应，可能是因为这些内容与他们想要在自己的渠道上分享的内容不匹配，或者他们对项目内在或外在的激励不感兴趣，但这两种情况都是可以改善的。

如果一个 Web3 项目真的不认识任何网络达人，一种组建内生网络达人队伍的方法是顾问计划。与那些有兴趣参与项目的知名人士联系，寻求他们的反馈，并询问他们是否愿意成为顾问。顾问通常会得到一小部分股权或代币作为激励，这有助于双方利益契合。但好的顾问还应该有其他动机，比如有机会成为思想领袖、真诚地希望与新项目的创始团队分享智慧，或者有兴趣帮助有价值的潜在商业伙伴进入市场。无论项目是否有内生网络达人队伍，都应重视顾问计划的价值。每个 Web3 项目都应该参与内生网络达人营销的实践，以便充分利用他们在第一天起就已经拥有但尚未被组织起来的社区。

“女性世界”（WoW）NFT 系列，是内生网络达人营销的一个完美例子。它包含了 1 万个独特的 NFT，展示了各种外貌的女性形象。该项目与演员瑞茜・威瑟斯彭（Reese Witherspoon）和伊娃・朗格利亚（Eva Longoria）建立了联系，她们希望将自己与 Web3 联系在一起的同时表明对女性和有色人种的支持。WoW 是一个完美的项目，瑞茜和伊娃都公开购买了 WoW 的 NFT，加入了 WoW 社区，并在 Twitter 上发布了相关推文。这些推文在 Twitter 上得到了积极的回应。如果瑞茜和伊娃发布了付费广告，来推广 Maker 或 Aave 这样的 DeFi 平台，Web3 社区的免疫系统就会排斥她们。根据大多数社交媒体平台的规定，付费广告必须标记为 #ad，这样一来便破坏了广告的真实性。但是，这些演员通过像 WoW 这样的系列项目与 Web3 真实互动，给人们一种可信的感觉。这两位名人真正加入了一个 Web3 社区，并成为其公开支持者，社区和整个 Web3 都因此受益。

激励增长

在营销漏斗的每一个阶段，Web3 营销人员都要与惰性、冷漠和怀疑的力量做斗争。对于某些目标受众，特别是 Web3 原生受众，付费网络达人营销活动会引起很多质疑。他们认为，Web3 项目应该能够吸引与之相关且感兴趣的社区成员来主动推广，而不必支付费用。此外，针对开发人员的开源项目不应该为了宣传其益处而支付费用，因为开发人员可以轻松地自行审查代码。这些群体对市场推销特别敏感，这是理所当然的，因为他们有能力自行验证事件的真实性。

对于这类受众，营销人员应该仅从真正是用户和粉丝的内生网络达人那里寻求推广，否则将对项目造成不利影响。然而，对于其他类型的受众，随着 Web3 社区的发展，越来越多 Web2 的人被吸引，付费网络达人可能会产生影响力。像 CEX 和借贷公司这样的 CeFi 平台毫不掩饰地使用付费网络达人，这与 Web2 和 TradFi 公司的做法相似。优质的 Web3 项目很少使用明显的付费网络达人营销手段，即在帖子上标有 #ad 的形式。但随着 Web3 受众的形成和动态发展，这种情况在将来可能会出现。

需要注意的一点是，人们对付费宣传的态度并非普遍一致。虽然以英语为主的 Web3 市场的受众对付费网络达人的宣传持怀疑态度，但在以汉语、韩语和日语为主的市场中，付费网络达人广告被广泛接受。网络达人通常被称为关键意见领袖（key opinion leaders，KOL），广泛用于推广代币、NFT 和其他 Web3 项目。在这些市场中，受众往往通过他们喜爱的 KOL，在 Kakao Talk 或微信等聊天应用程序上第一次了解到这些项目。在这些市场中，观众往往不指望 KOL 或记者的评论不受公司或政府的影响。

在某些市场中，一条由公司付费发布的信息并不会引起怀疑，因为人们认为任何消息的发布都有外在的动机。作为一名曾在美国媒体机构工作的人（虽然是在商业部门而不是记者），当我开始在国际市场上营销 Web3 项目时，我对不同国家和文化中的信息生态系统的差异如此之巨大感到震惊。我观察到，在西方，人们通常期望媒体和其他信息来源是“客观”或“无偏见”的。不管西方或其他地方能否真正做到这一点，我仍然认为努力识别和透明地披露偏见和影响是有价值的。从纯粹的营销角度来看，这是了解受众重要性的另一个例子。尽管付费网络达人营销让一些受众感到恼火，但在某些市场上，KOL 是可以被接受的。总之，发现的关键就是：弄清楚受众喜欢什么，并以一种令人难忘的独特方式提供他们喜欢的东西。

赢得媒体

企业以太坊联盟的启动点燃了 2017 年以太币价格，我和安德鲁向媒体介绍这次启动，当时我们接触的大多数记者都是金融科技记者。像 CoinDesk 这样的行业媒体已经存在，并且开始受到关注，这种媒体主要报道比特币价格。但大多数主要出版物还没有建立起区块链或加密货币的固定报道领域。随着营销团队的壮大，我们雇用了首批媒体关系人员，致力于与报道这个新兴领域的记者建立合作关系。他们中的许多人对比特币和以太坊深感兴趣。他们正在考虑，是继续做一个科技、金融通才型记者，还是冒险转向区块链和加密货币领域，成为专才型记者，为自己的职业道路重新确定方向。

我们建立了一个对技术感兴趣的小型记者社区，并向他们提供了 ConsenSys 专家的行业背景介绍，这有助于解答他们的技术困惑。他们处于一个涵盖各种复杂技术概念的未知领域，并试图将其简化以适应非专业受众，同时确保事实正确。有了 ConsenSys 的 Web3 专家团队，他们就能获得帮助。我们只期望得到的回报是，他们对我们正在构建的生态系统进行更准确的报道。

随着时间的推移，我们与记者们建立了信任关系。在 2017 年初的牛市中，随着加密货币价格的飙升，成千上万的加密货币项目开始争相吸引记者的注意，渴望得到主流媒体的正面报道。凭借我们长期的合作关系，每当我们有公告或产品要发布时，ConsenSys 媒体关系团队都能突破噪声的重围，在这些记者那里获得优先报道，因为记者相信（尽管无法自行审查代码），我们不会给他们发送可能是骗局的项目。

然而，在那段繁荣时期，许多欺诈性加密货币项目成功欺骗了记者，记者对这些项目进行了正面报道。这给投资者和公众带来了困惑。结果是大多数主流媒体限制了区块链或加密货币新闻的报道资格，只选择报道指定的专家或小团队的项目。媒体对报道区块链的任何项目更加持怀疑态度，提高了项目获得报道的门槛。有时，当项目写信给记者时，他们只会回信说："很抱歉，我们不报道加密货币。"多亏了此前建立的信任关系，我们的团队仍然可以突破这一封锁。但我们也是如履薄冰，因为一举一动都可能会失去信任，因此我们认真对待自己的责任。同时，我们以真诚的态度，尽可能通过媒体最大程度地推广以太坊、ConsenSys 及其项目。

当关系的建立与有新闻价值的成果共同发挥作用引发媒体报道时，我们建议客户牢记一些最佳实践案例中的做法。我们建议项目负责人在任何媒体采访中都准备好要传达的第一个关键信息，以及可能会被记者问到的任何问题的答案，答案最好与关键信息相关联。项目负责人应该试图在采访开始时陈述他们的第一个关键信息，而不是把它留在最后。由于很难预测采访何时会结束，因此确保消息百分之百地进入采访的唯一方法是尽早、尽可能频繁地陈述。

受访者应该知道他们说的任何话都可能被断章取义，因为记者可以在报道中决定引用他们的哪句话。如果受访者说错了话，记者也可能将其报道出来。向主流媒体的记者提出的唯一合适的更正请求是纠正采访对象陈述的事实错误。我们通常建议不要“私下”发言，要准备好回答任何棘手问题。遇到麻烦时，总是可以说一些套话，例如，“我对这次采访的理解是关于 X 的，我对 X 的看法是……”，或者“我不是回答这个问题的合适人选，在采访后，我会让你与合适的人联系”。

在极少数情况下，当一个项目或个人希望向记者秘密传达信息并避免在报道中提及姓名时，我们建议通过具有私下交流经验的媒体关系专业人士来传达这些信息。Web3 领域的一些行业媒体在遵守约定方面表现不佳，要么不公开，要么在后台发布，要么等到广告新闻禁令解除后再发布。具有 Web3 经验的专业人士知道哪些媒体适用于这种情况，以及如何引导媒体。

与媒体建立信任关系

在 Web3 领域，从事媒体关系的营销人员仍然处在一个缺乏信任的环境中。Web3 项目从主流媒体的正面报道中获得如此巨大的经济利益，以至于许多项目不管其信息真实性如何，媒体就信口开河以获得媒体报道。在 Serotonin，我们与加密货币和通才型媒体记者建立的长期关系仍然对我们有益。这些媒体机构中的合作伙伴知道我们绝不会有意误导他们，而且我们会进行与风险投资公司同样级别的尽职调查，来证明我们合作的项目已提供了独特和强大的解决方案，而且具有很高的商业道德。事实上，我们的大多数客户都是由 Web3 领域的领先风险投资公司直接推荐过来的。

除了人际关系，为项目赢得媒体报道、打破不信任壁垒的最佳方式就是使用名字和数字。如果向记者提供的媒体信息中包含令人印象深刻的数字和知名人物，那么它更有可能获得报道。

著名的风险投资者、值得关注的合作伙伴和声誉良好的团队成员有助于在媒体推广中获得关注。企业以太坊联盟的推出是一个终极的例子：现有品牌为新品牌提供正当性并使其获得报道。当我们推介 Web3 开发工具和基础设施公司 Alchemy 时，我们确保提到了它的知名投资人，其中包括几个大型加密货币基金和说唱歌手兼音乐大佬 Jay-Z。Jay-Z 出现在了关于 Alchemy 的头条新闻中，拥有一个如此出乎意料的支持者帮助了 Alchemy 从其他 Web3 公司中脱颖而出。[4]

当 Serotonin 向记者推介 Republic Note 时，我们专注于数字。刚刚了解 Republic 的记者惊讶地发现它已经拥有了 70 万用户，这在当时是一个非比寻常的数字，也是一个具有很强说服力的因素。[5] 在 Republic 和 Alchemy 两个项目中，我们成功地使客户获得了主流媒体的报道，包括彭博社的专题报道，因为我们专注于能够使新项目在记者面前脱颖而出的名字和数字。

理想情况下，数字应该是可验证的。如果一个去中心化金融协议可以在链上证明它已经产生了一定规模的 TVL，获得了大量的用户，其代币分发量创造了历史纪录，或者为发展中国家的大量人员带来了实际收益，根据数据的规模和影响力，这会引起行业或通用媒体的兴趣。没有硬性数据支持，声称一个项目对社区产生了积极影响、产生了巨大交易量或产生了非凡的回报，将会受到质疑，也无法获得高质量的媒体报道。同样的道理也适用于那些着眼于未来的陈述。有新闻价值的事件是正在发生的，而不是可能在未来发生的。许多 Web3 项目都有雄心勃勃的计划，然而计划本身并没有新闻价值。

媒体特别关注的一个数字是代币价格。价格对于 Web3 项目来说是一把双刃剑。当价格上涨时，只关注价格的报道可能是肤浅的，它忽略了项目的技术突破或更大的使命。与此同时，积极的报道对于漏斗顶部的发现阶段是有益的。如果一个项目报道关注价格上涨，那么同样地，它也会关注价格下跌。

我们建议营销人员避免向媒体宣传其可互换代币或 NFT 的价格，也避免在社交平台和社区渠道上评论自己项目的价格。我们管理的大多数社区渠道明确规定禁止讨论价格，并且讨论价格的成员可能会被踢出平台或渠道。这是一个避免投机者的好方法，并且更有可能建立一个真正对项目和技术感兴趣的社区。如果媒体主动询问并坚持报道价格，不妨将他们的兴趣作为一个契机，多对他们讲讲项目的优点，同时始终聚焦于品牌刀刃之上的关键信息上。利用记者对价格的执念，渗透项目的真正价值主张。这可能会让人感到不自然，但是受访者越是频繁地重复项目的关键信息，报道中包含关键信息的可能性就越大。

向媒体逆向公关

营销人员很容易从项目的角度来考虑赢得媒体报道。比如这个项目拥有 *X* 和 *Y* 个合作伙伴，并将推出 *Z* 个。一般来说，记者可能对这样的宣传感兴趣，也可能不感兴趣。更有效的思考媒体推广的方式是，从目标受众即记者的角度出发。高质量媒体机构的记者只会报道他们认为有新闻价值的故事。这意味着对于他们所在的媒体机构来说，能够体现报道水平的名字和数字十分重要。例如，一家筹集了 500 万美元的 Web3 初创公司更有可能获得 CoinDesk、Decrypt 或 CoinTelegraph 等行业媒体的报道，但不会得到彭博社或华尔街日报的报道，除非这个故事还有其他不寻常或非凡之处。然而，一家筹集了 1 亿美元的 Web3 初创公司通常会获得主流媒体的报道。

如果一个项目想要瞄准一家特定的媒体机构，营销人员应该首先确定该媒体机构愿意报道哪些类型的故事，然后逆向思考，制造能让他们报道的故事。假设一个项目希望被《麻省理工科技评论》（*MIT Technology Review*）的读者群体发现。这家出版物主要报道达到一定规模的技术突破。如果该项目希望在那里发表文章，作为前提条件，它必须努力实现这样的技术突破。如果一个项目希望被《纽约时报》报道，它必须考虑如何使其新闻价值达到吸引《纽约时报》记者的程度。

向不太可能报道项目故事的媒体机构和记者发送推广内容是不明智的。记者希望项目已经进行了相关调研，并且给他们发送他们真正关注的故事类型。这有助于项目与记者建立积极的长期关系。不管推广内容与记者过去报道的内容是否匹配，广撒网地邀请尽可能多的记者，其效果远不如进行调研并与特定记者建立长期的互惠关系。

营销人员与记者交流得越多，就有越多的机会从记者那里了解到他们喜欢报道的故事类型，从而进一步定制和完善媒体推广内容。此外，项目将持续停留在记者的脑海中，在未来记者可能会主动向该项目提出他们自己的想法。营销人员应该将他们的项目负责人作为领域专家推荐给记者，专家可以通过为故事添加评论来帮助记者完成报道，即使故事的主角是行业中的另一家公司。如果项目负责人是当下热门话题的知名专家，营销人员应主动与记者联系，推荐其负责人进行评论。与营销的每个部分一样，获得媒体关注的关键在于了解目标受众。营销人员应该花时间了解目标媒体机构的记者正在寻找什么，甚至可以调整项目的策略和活动，以符合媒体的要求，进而获得报道的机会。

通过使用“特技”来获得关注

主流媒体机构的记者会报道行走在第五大道上的斑马，但不会报道在动物园里闲逛的斑马。当我们从媒体机构的需求出发，尝试制作他们愿意接受的项目推广信息时，可能会发现这个媒体机构的标准过高，很难轻易达到。例如，对于一个新的 Web3 项目来说，几乎不可能在《纽约时报》上获得被报道的机会。在初期阶段，大多数项目还没有足够醒目的名字或数字来吸引主流媒体机构的报道。绕过这个难题，直接获得报道的方法之一就是制造噱头。

Web3 的噱头包括 Layer 1 以太坊竞争对手 EOS，该项目在 2017 年引起了关注，现在实际上已经不存在了，在由 CoinDesk 主办的年度 Consensus 加密货币大会期间，该项目在时代广场购买了一个巨大的广告牌。在当时，一个加密货币项目购买实体广告是不寻常和令人惊讶的，因为加密货币广告在 Facebook 和谷歌广告等 Web2 广告平台上仍然是被禁止的。这个广告牌成为讨论的热点话题，许多大会参与者因此第一次了解到 EOS。[6]

2021 年，化名为 MetaKovan 的加密货币投资者以惊人的 6 900 万美元从佳士得拍卖行购买了数字艺术家 Beeple 的一个 NFT。MetaKovan 为购买 NFT 支付了超额费用这一事件被传为“数字 69 的互联网笑话”，这一事件不仅为他在 Web3 中获得了声名，提高了公众形象，也为他创造了吸引更多资金的机会。[7] 无独有偶，在 2021 年，化名为 Gmoney 的 NFT 网络达人以 17 万美元的价格购买了 CryptoPunk 的 NFT，这也被认为是一笔令人震惊的交易。这一事件推动了 Gmoney 作为 NFT 网络达人的事业，他现在是 NFT 领域最重要的收藏家之一。Gmoney 创造了“数字炫耀”（digital flex）一词来解释他为什么支付了如此高昂的价格。从那一刻起，成千上万的 NFT 投资者开始了他们自己的数字炫耀。

Gmoney 创造了一个通过模仿得到验证的新类别。他获得了美国全国广播公司财经频道（CNBC）和其他媒体的报道；MetaKovan 则登上了《纽约时报》。如果 Gmoney 仅为 CryptoPunk 的 NFT 支付了市场价，或者 MetaKovan 以适中的价格购买了 Beeple 的 NFT，它们都不会成为新闻焦点。Gmoney 和 MetaKovan 都利用昂贵的噱头来被发现、获得报道，并实现了他们的目标。

噱头意味着真正的风险和投资。考虑进行噱头宣传的项目必须充分思考噱头本身以及预期结果，并考虑如何将漏斗顶部的发现阶段转化为使用阶段，并带来价值。否则，噱头宣传可能是不值得的。构建一个有助于发现阶段的噱头的最佳方法是了解自己的受众，从对他们来说重要或引人注目的内容出发，逆向思考。

把握媒体报道的最佳时机

推广信息获得媒体报道的最佳时机是在项目产生媒体最想报道的重大新闻的时刻。团队可以通过噱头或活动来精心安排这些时刻，其他时刻则自然发生在大多数项目的生命周期中。营销人员应该识别出对项目发现有重大影响力的时刻，并专注于合理设计这些时刻。

对于早期的 Web3 项目来说，第一个媒体推广时机通常是募资公告。这是项目向潜在用户传递品牌信息的第一个机会。如果项目从知名投资者（名字）那里筹集了大量资金（数字），很可能会获得一定程度的报道。营销人员应该利用这个机会传达项目的关键信息、知名合作伙伴的名字以及迄今为止的任何增长指标，同时要记住，对于任何新项目，潜在用户都在与冷漠、惯性和怀疑的力量做斗争。

其他适合媒体推广的理想时刻包括重大产品或功能的发布，即产品或产品的某一功能超越所在领域的领导者，达到了里程碑时刻，比如拥有了 100 万用户、获得了重要的合作伙伴，以及发现了意想不到的应用场景。通常可以向行业媒体推广这些故事：知名人士加入了团队，进入了新的地理区域，举办了有趣的线下聚会。还可以推广以个人（或一组人）在项目中的经历为重点的趣味性专题报道。做到这些，需要经过认真的研究和计划。

除非通过噱头宣传获得机会，否则很难讲述这些对媒体友好的故事，因此营销人员应该在任何自然出现的时刻最大限度地利用好这些机会。这些是通过媒体报道、社交媒体和活动等实现发现的最佳时刻。如果这个时刻在适当渠道上以刀刃之上的信息在目标受众中产生共鸣，并以最佳方式执行，它将给品牌认可度带来突变式增长，成功表现为搜索量、网站流量、社交互动和关注者数量的增加。之后，项目的基准指标应进入较高水平。

注意力是不稳定的，不同时刻并不相同。图 10-1 是项目得到的注意力的基本曲线图。

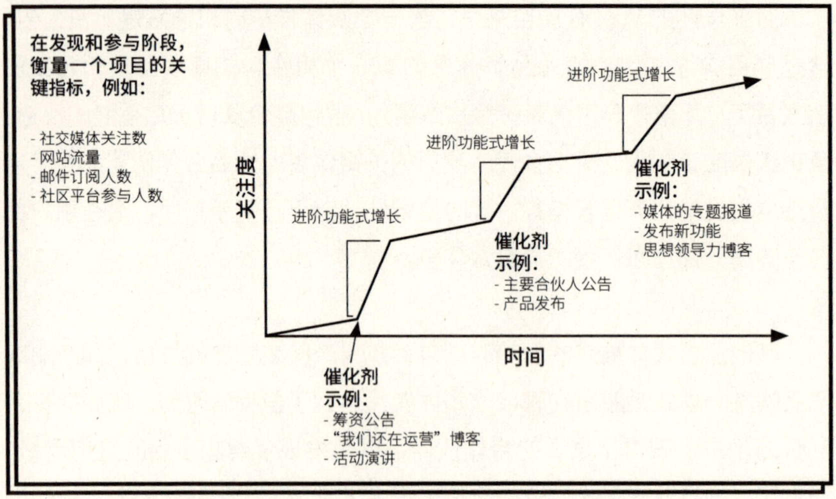

图 10-1 随着时间的变化，项目得到的注意力是不稳定的

学习Chainlink的传播战略

尽管营销人员必须深思熟虑地优化具有最大影响力的时刻，以最大程度地推动发现阶段，但他们还应考虑制订循序渐进的计划以持续推广内容。发现阶段通常发生在重大新闻报道的大爆炸时刻，但它每天也在悄无声息地持续发生。马特·柯立芝（Matt Coolidge）是 Serotonin 的早期团队成员，他之前在知名的 Web3 预言机项目 Chainlink 工作，负责传播工作。我们很高兴与马特合作，其中一个原因就是我们非常欣赏 Chainlink 不断向市场传递信息的战略，这被证明非常有效。

通过从外部观察 Chainlink，我们注意到，每当一个新的 dapp 或协议开始使用 Chainlink 时，它都会在 Twitter 上广为传播，要么有一篇博客宣布合作伙伴关系，要么 Chainlink 及其新项目在社交媒体上分享对方的帖子。每篇博客都强化了 Chainlink 的核心信息，并通过来自其他网站的超链接增加了域名的权威性。交叉推广有助于 Chainlink 品牌触达新的受众，作为回报，合作伙伴的品牌也通过触达 Chainlink 的受众获得成长。因此，已经密切关注该项目的社区成员和潜在投资者认为该项目始终是活跃的。之前从未听说过该项目的新加入者也会在他们的常驻渠道上首次发现它，比如他们已经使用的一个 dapp 的 Twitter 动态。虽然 Chainlink 可能担心它会因持续不断的信息传递冲击市场，以及过多的内容会打扰关注者，但每条推文只会通过算法触达其目标受众的一小部分，所以从潜在用户的角度来看，这些信息并不会太频繁地出现。这对每个人来说都是理想的。

我们向 Serotonin 的客户介绍了这种方法，并将其称为 Chainlink 战略。营销人员可以为宣布新合作伙伴关系制定一套标准化的操作手册，并在每次启动新项目合作时执行该手册，来为他们的项目实施 Chainlink 战略。随着时间的推移，这将成为一个默契配合的机制，可以用来提高品牌认可度。社交媒体的关注量和互动人数增加了，域名权威性也提高了。通过展示有多少其他类似项目愿意使用该产品，营销人员可以克服公众的怀疑心理，并在目标用户中建立信任。

与许多新技术一样，受众不相信 Web3 项目的自我描述，他们更相信中立的第三方对它们的评价。这与企业以太坊联盟发布的逻辑是相同的。当受众看到与他们相似的其他人，或者他们渴望效仿的人已经在使用该产品时，就会获得信心。Chainlink 所做的就是在加密货币的社交领域大量引入第三方，这些第三方比品牌在自有渠道上说的任何话都更值得信赖，因此更有价值。当记者或潜在合作伙伴搜索该项目时，他们会看到大量使用该项目的 dapp 和协议，类似于在企业以太坊联盟成立后，搜索以太坊时出现的微软和桑坦德银行。

Chainlink 战略体现了我们在 Web3 中发现的融合方法。这些新合作伙伴的公告大多数都不值得媒体报道，即使是行业媒体。大多数合作伙伴本身也是规模较小的早期 Web3 项目。作为推广这些公告的营销人员，如果我们只专注于赢得媒体报道，我们的方法就会失败。相反，我们不局限于任何一个渠道，而是在多个渠道上形成一片感知之海。自有博客、自有社交媒体和合作伙伴社交媒体都是传播频繁、适合小规模公告的合理渠道。始终如一地发布这些公告给予我们不断强调关键信息和触达新受众的机会。尽管自有渠道上的小规模公告通常不会像重大时刻那样带来突变式的增长，但 Chainlink 战略可以帮助营销人员稳定地增加项目价值。

举办活动

区块链技术是将决策中的人为因素替换为算法的系统的基础，但这并不妨碍 Web3 社区重视人际关系。作为一个以信任自动化为荣、领导者在数字世界和元宇宙中度过大部分时间的运动，Web3 以喜欢举办线下聚会而闻名。尽管开发人员可以自己检查开源代码库并决定是否使用它，但他们经常在聚会、黑客马拉松和会议中首次发现新项目。Web3 社区正在世界各地形成，不再像 Web2 时代那样过度集中在硅谷等中心。话虽如此，最大规模的活动仍然会在全球主要城市举行。如果一个活动获得了重要的影响力，即使不住在附近，社区成员通常也会乘飞机去参加。Web3 项目的营销人员应该策划相关的活动，并说服他们的项目负责人在这些活动中发表演讲。

在 Serotonin，我们通常建议客户不要为演讲付费。最好的会议应该优先考虑为观众提供高质量的体验，但那些向所有演讲者收费的“付费演讲”活动，重视的是观众体验以外的东西。如果观众对内容不感兴趣，项目演讲的影响力就会降低。营销人员应该像向记者推广新闻信息一样推荐活动演讲：通过研究活动组织者可能希望演讲者提供什么，再根据他们关心的事情来组织自己的演讲内容。如果一个会议不接受免费的演讲者，营销人员应该将此视为一个信号，表明他们需要进一步完善推介，或者在其他渠道上提高项目品牌的认可度，使会议组织者将邀请项目负责人发言视为为观众提供增值服务的机会。对于那些具有较高营销预算的后期项目来说，如果他们特别希望针对某个活动的受众，支付演讲费用可能比在其他渠道上触达相同受众更为经济高效。在这种情况下，项目应该提防他们的演讲或专题被标记为赞助内容或被安排在赞助商舞台上，这会导致参与者人数较少。

评估项目演讲机会的营销人员应该注意演讲或分组讨论举办的舞台（主舞台通常优于次舞台）、时间（最早、最晚以及午餐时间可能参与度较低），以及分组讨论嘉宾的质量和匹配度。当我们为活动准备演讲者时，应始终将观众的感受放在首位。例如，Web3 观众经常在演讲期间拍摄一些有趣的幻灯片，因此我们鼓励团队在每张幻灯片上放上品牌名称，如果可能的话，还应放上网站链接和 Twitter 账号。简单的调整就可以改变发现的游戏规则。这样一来，在会议结束后，观众重新翻看照片时就可能看到品牌名称。每一次品牌被目标受众看到，都是一个机会。在线下聚会中，发现的机会有很多：比如在幻灯片上放上品牌名称，在洗手间里策略性地放置一堆品牌标贴，举办一个品牌的“寻宝活动”——参与者可以在城市的各个地方扫描海报上的二维码来获得代币化奖品，以及向客人发放出席证明协议（POAP）[1]NFT，证明他们实际参加了活动，并将其加入区块链客户关系管理（CRM，有关详细信息请参阅第 12 章关于保留的内

① 出席证明协议可以生成证明某人参加过线下活动的代币。

容）以备后用。总之，线下聚会是一个发挥创意的理想平台。

许多人参加的主要 Web3 活动包括：由以太坊基金会主办的每年一度的以太坊开发者大会 DevCon；我在 ConsenSys 创办的精选活动系列，现由行业媒体出版物 Decrypt 主办的 Ethereal；纽约最大的年度 NFT 爱好者聚会 NFT.NYC；布特林在 2014 年首次介绍以太坊的迈阿密比特币会议；以及由顶级加密货币新闻出版物 CoinDesk 主办的长期加密货币会议 Consensus。非 Web3 原生的活动，如 Web Summit、SXSW、达沃斯世界经济论坛、消费电子展览会、迈阿密巴塞尔艺术展和 SALT 会议等，这些活动已经增加了大量 Web3 内容，并吸引了许多 Web3 社区成员。此外，Web3 公司开始举办自己的会议，包括由加密研究公司 Messari 在纽约举办的 Mainnet，由 Chainlink 主办的 SmartCon，以及由金融媒体品牌 Blockworks 主办的 Permissionless。

许多 Web3 项目不是组织全面性的会议，而是选择与主要会议同时举办平行活动，以便为其社区成员提供更便利的旅行安排。去中心化金融协议 Aave 以主办 rAAVE 而闻名，这是在 Web3 会议后举办的一系列夜晚狂欢派对。许多其他项目也举办自己的聚会和交流会。专注于吸引开发人员的项目举办黑客马拉松、提供导师以帮助开发人员学习如何使用他们的工具。参与者通过完成特定挑战来竞争奖品，有时是代币形式的大额财务奖励，有时是资本投资。许多 Web3 初创企业实际上是从黑客马拉松项目开始的。

全漏斗营销

大多数项目并没有将活动作为营销渠道进行优化。原因不足为奇，面对面的活动是 Web3 社区的聚会场所，其中大部分参与者更关注社交而不是为项目创造投资回报率。参加会议、聆听演讲、进行交流，这些活动往往会产生意外的收获。我强烈推荐新参与者和求职者参与其中。但对于项目创始人来说，参加会议是有时间成本的，因为这将使他们减少编程、查看电子邮件或管理团队的时间。在世界各地同时举行如此多诱人的 Web3 活动，Web3 团队有可能因为“错失恐惧”（fear of missing out，FOMO）而陷入虚无。毕竟，如果一直在路上，就无法构建产品。因此，万事都有时机。有时是埋头构建产品的时候，有时是踏上征程创造需求的时候。在将时间和金钱投资于活动（作为发现渠道）之前，项目团队应确保他们的营销漏斗已就位，以确保他们的投资能够得到回报。

只有当漏斗存在并将发现转化为参与，漏斗顶部的营销活动才有意义。例如，如果创始人前往巴黎参加每年一度的以太坊社区大型聚会 EthCC，但他们的项目没有一个正在运行的网站，并且没有提供注册测试版、加入邮件列表、关注社交媒体或加入社区渠道的链接，那么无论他们如何积极地参与交流，或者他们的演示做得多好，投资回报率都是有限的。漏斗顶部发现阶段的潜在用户将立即流失，无法转化为下一步行动。营销人员在发现阶段完成后应该发出行动呼吁，并为成功设定一个度量指标。然后他们可以衡量结果对项目的投资回报率，将其与参与活动所花费的时间和金钱进行比较，并利用这些数据在未来做出更好的投资决策。如果一个项目不知道自己想要什么，并且没有建立起相应的营销漏斗，那么可以确信，它无法获得预期的结果。在最早的阶段，项目最好开展轻量级的市场测试活动，这些活动所需的时间和金钱投入较少。活动对于发现是有价值的，但将它们作为宏观漏斗中的一部分，效率会更高。

Web3 Marketing

第 11 章

参与和使用：启动增长“飞轮”

对于 Web3 项目而言，吸引用户然后将其转化为产品使用者是两个紧密相关的营销步骤。已经发现项目的潜在用户通常是通过加入 Web3 社区来更深入地参与项目的。一旦潜在用户参与进来，项目就可以通过 CTA 重新定位他们，将其转化为产品使用者，并采取其他有益的步骤来帮助项目发展。“参与”和“使用”就像鸡和鸡蛋，互为因果。对产品充满热情的用户通常会因为渴望提供帮助而加入其所在的社区；积极参与的社区成员是可靠的产品和功能的测试者与早期采用者。本章还介绍了项目早期的社区对其长期成功的重要性，以及吸引合适成员的战略。

如何打造你的产品网站

如前所述，发现阶段的目标是将品牌信息传达给目标受众。如果品牌信息有效，它将引导潜在用户进入营销漏斗的下一步，即参与。发现渠道指的是所有潜在用户首次接触到品牌的可能渠道。在 Web3 中，最常见的发现渠道包括搜索引擎、社交媒体、赢得媒体和活动。然后，根据潜在用户首次发现品牌信息的渠道，参与可以发生在多种不同渠道上。

如果潜在用户已经有动机为他们的问题寻找解决方案，并通过谷歌搜索发现了产品，那么他们的下一步通常是访问产品网站。通过使用谷歌分析和其他工具，营销人员可以轻松得到用户搜索的关键词及网站访问的频率。搜索排名最高且与目标受众关注的内容相匹配的网站将获得最高的转化率。

如果用户首次在社交媒体、活动或口口相传中发现了一个项目，他们可能会立即在网站或社交媒体等渠道上搜索该项目，进而会关注账号、加入其他社区渠道和访问产品网站，所以营销人员应当优化社交媒体渠道以推动参与（下一节将详细介绍这一点）。许多发现渠道上都有产品网站的网址，这是营销人员用来推动用户参与的主场。对于营销人员而言，最重要的是使项目能够再次接触或重新定位潜在用户，最理想的情况是将潜在用户转化为产品使用者。项目的网站是实现这一目标的完美场所。

无论用户从何而来，一旦他们来到产品网站，他们将受到一组信息的欢迎。与潜在用户首次接触品牌信息并选择参与其中的发现渠道不同，这个网站完全在营销人员的掌控之下。如果网站无法使访问者响应 CTA，就不能责怪算法、忽略关键信息的记者或活动上的背景噪音。产品网站是营销人员的游乐场，是用文字和图像包装的店面，可以体现他们品牌的文化基因，准确展示他们设计的刀刃之上的信息。图 11-1 展示了一个 Web3 产品网站的基本布局、关键设计和营销元素。

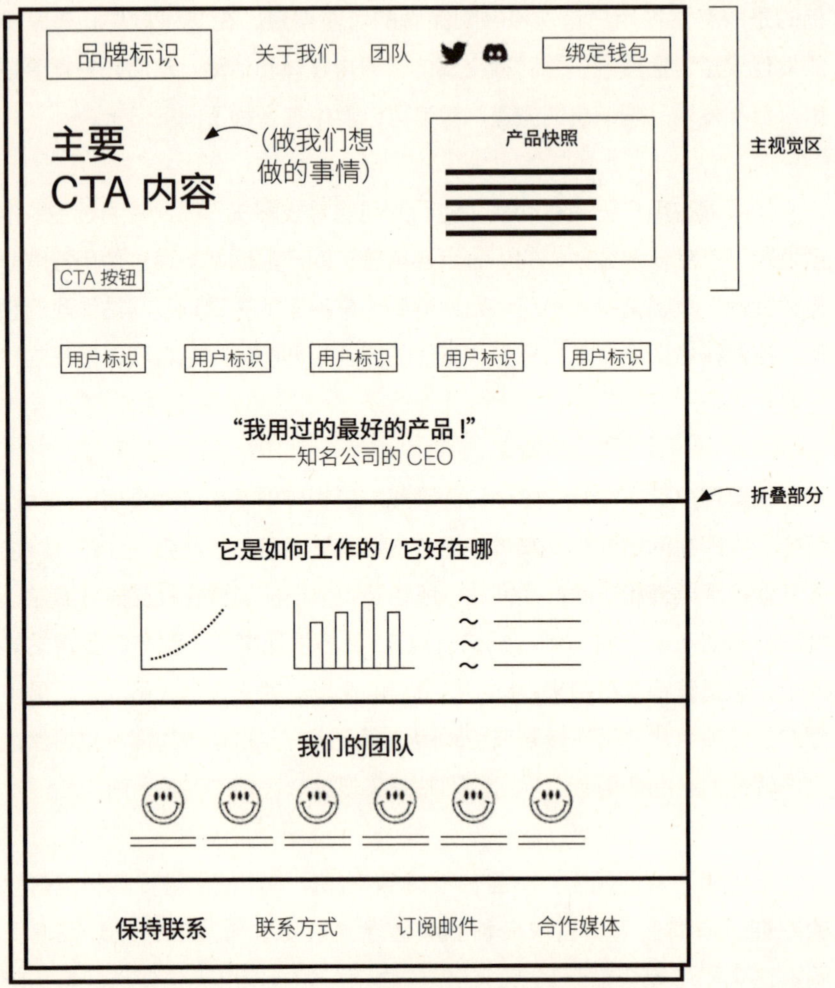

图 11-1　一个基本的 Web3 产品网站

在产品网站上，最重要的位置是主视觉区，即在访问者滚动鼠标之前的屏幕可见区域。相关统计结果显示，访问者只愿意将页面向下拉动到一定程度。页面越往下，访问者就越少，所以主视觉区是所有访问者都能看到的唯一区域，前提是网站加载时间不会太长，否则他们可能会直接关闭标签页。营销人员应努力避免这一时有发生的情况，因为大多数访问者都很苛刻，只会等待一小段时间。

营销人员应根据 CTA 对项目成功的重要程度在这个黄金地段来分配产品网站上的每个元素。理想情况下，营销人员应确定一个主要 CTA，并将其放置在主视觉区最大、最重要的位置。Web3 项目的一些主要 CTA 示例包括“注册并试用”“注册白名单”“下载”，以及“加入 DAO”。CTA 往往位于关键的品牌信息附近，通常在主要 CTA 的右侧或左侧会有一个产品截图，这有助于向潜在用户传递产品易用的用户体验，提高用户实际使用产品的概率。营销人员可以使用分析工具对网站的文字和图像进行 A/B 测试，以最大程度地提高转化的机会。注意不要使用与产品主要价值主张不协调的语言，虽然这些语言可能会获得最佳用户转化率，但在营销漏斗的保留阶段，用户也可能因为产品不能解决他们的问题而失望地退出。

虽然主要 CTA 应该放在产品网站上最显著的位置，但主视觉区也可以展示其他次要 CTA。通常在页面右上角有 Twitter、Discord 或其他社交和社区渠道的链接。dapp 通常在右上角放置用于链接 Web3 钱包的按钮。在页面左上角或中部通常有一个导航栏，包含“团队”“博客”“关于”“工作原理”等标题，有时还包括代币或产品特性的名称，以提供更多相关信息。有时这些可以链接到下拉菜单。为了在搜索中提高被发现的可能性，这些标题可以用项目最常见的搜索词来命名。一些项目还设有电子邮件订阅的按钮。对于尚未发布的项目，电子邮件订阅可以作为主要 CTA，让项目在产品测试阶段或代币可用时重新定位潜在用户。营销人员应确保主视觉区包含主要 CTA、次要 CTA 和为有进一步了解意愿的访问者提供的更详细的信息，这些内容可以位于需要访问者滚动查看的下拉页面部分。

Web3 营销人员可能会选择在其网站上使用谷歌和 Facebook 的像素追踪。在与 Truffle（ConsenSys Mesh 中领先的以太坊开发框架）团队首次会面时，我们提出了一些帮助 Truffle 更好地了解其受众以及其网站的想法。Truffle 团队对我们的介绍感到兴奋，但对在其网站上添加像素追踪持怀疑态度。而对于我们团队中接受过 Web2 最佳实践培训的成员来说，添加像素追踪似乎是显而易见的一步。Truffle 团队在意识形态上反对 Web2 对用户进行监视的做法，并拒绝添加像素追踪，即使这可以帮助他们达到主要业务目标——快速增加用户基数。我们没有坚持要求他们添加像素追踪。相反，我们的营销团队那天了解到关于目标受众的一些信息。作为 Truffle 目标受众的开发人员不喜欢对用户进行数据收集的做法。任何网站访问者都可以轻松点击“检查元素”或“查看源代码”来识别页面 HTML 中的像素追踪。尽管可能只有少数访问者会因为追踪而拒绝使用该产品，或者（更糟糕的是）在社交媒体上发声抱怨，但在 Web3 的历史上，受这些意识形态驱动的技术人员是我们的关键目标受众，他们最有可能成为 Truffle 的超级用户。在这种情况下，使用像素追踪并不值得，可能会影响潜在用户的增长。

虽然今天的 Truffle 在其网站上可能使用了像素追踪，但我们仍时常遇到希望避免使用 Web2 营销技术（尤其是用户数据收集）的团队。例如在 Serotonin，我们与一个 Web3 VPN 提供商 Orchid 合作。作为一种隐私工具，他们希望针对关注在线隐私的受众，而这些受众更有可能检查页面的 HTML，因此实施像素追踪是不可行的，我们必须开发新方法来监测我们的营销渠道。有时，这意味着寻找替代的 A/B 测试和分析工具，例如 Matomo，它在尊重用户隐私的同时提供一些数据。这说明 Web3 营销人员必须灵活一点，关注受众偏好，并不过分依赖 Web2 的传统做法。

一个好的产品网站应随着产品的发展而发展。我们建议 Web3 项目在确定视觉和语言、刀刃之上的信息和主要 CTA 后，就尽快发布一个简单的初始页面。初始页面的主要 CTA 将吸引那些通过各种渠道发现项目并愿意参与的潜在用户，并将这批用户暂时存放在一个储存库中，以便在项目准备好将其转化为用户时再次对他们进行定位。如果没有一个作为储存库的 CTA 来捕获用户兴趣，那么通过社交媒体、搜索、活动或口碑来推动发现的所有活动都将在创造投资回报率方面效率低下，因为这些信息无法被捕获。如果没有一个能够捕捉用户兴趣的“后援”（通常是一个包含 CTA 的产品网站），那么漏斗营销顶部的活动基本上是无用的。

在网站、社交媒体渠道和实际发布的产品之间，项目应专注于在社交媒体、社区渠道以及电子邮件通信中扩大自己的受众群体。他们应该利用这些渠道向忠实的社区成员更新产品的进展，分享有关团队和正在构建的技术的信息，包括公告、活动、合作伙伴关系、融资轮次以及要求社区参与的事项，例如社区管理或漏洞赏金计划。一旦产品上线，产品网站的主要目的是将访问者直接转化为产品使用者，而不再是将潜在用户汇集到储存库。

设计产品网站的营销人员应该记住，在营销漏斗的参与阶段，他们仍在与冷漠、惯性和怀疑的力量做斗争。一个潜在用户来到网站，并不意味着能够被转化。产品网站的内容需要说服他们响应号召并产生实际行动。潜在用户总是对新的、不太成熟的项目持谨慎态度，尤其是在 Web3 这样一个敏感的领域，如果将钱包连接到错误的 dapp 或向错误的地址发送加密货币，就可能会导致被黑客攻击或资产永久性丢失。网站的内容必须包含刀刃之上的信息，通过说服潜在用户确实存在问题以消除冷漠；通过证明产品是最佳解决方案来克服惯性；通过向潜在用户表明其他类似的用户正在使用该产品，以及产品得到值得信赖的第三方机构（如知名投资者、合作伙伴和代码审计人员）的认可和验证来消除怀疑。

后文提及的“奖杯墙”和“即时优势”策略对于Web3项目来说是有效的，但它们也可能不适用于你的项目。无论你是否使用、调整这些策略或者开发自己的策略，都应该首先了解你的受众。

运用奖杯墙策略

奖杯墙策略与Chainlink战略相得益彰。项目应尽早吸引广泛用户中的目标受众。他们应使用Chainlink战略来传播合作伙伴关系，利用它们在搜索引擎和社交媒体上推动营销漏斗顶部的发现过程，甚至在主要CTA附近的黄金视觉区突出展示合作伙伴的标志。用户看到知名的产品使用者（可能是与他们类似的公司或者更大、更有名望的公司，也可能是名人），会减少怀疑，从而更有可能采取CTA。

如果没有类似的公司或名人使用产品，潜在用户将更多地被惯性阻碍，从而走上一条更长的路径，因为他们需要自行研究。如果他们是团队代表，还需要用详细的论点来说服同事相信该产品适合他们的业务。一个突出的奖杯墙可以让许多潜在用户跳过这个耗时的步骤，直接转化为使用产品或采取其他CTA。如果看到竞争对手已经在使用这个产品，这可能更具吸引力，因为用户不想错过这个产品的优势。

奖杯墙可以采取多种多样的形式。对于一些项目来说，要展示的奖杯并不是与其他公司的合作关系，而是诸如TVL之类的指标，但目的是相同的。DeFi协议的高TVL能够向潜在用户证明，其他与他们类似的DeFi用户愿意将资金部署在该协议中。因此，DeFi的dapp和流动性池通常会在主 CTA 附近突出展示这种指标。

我们于 2017 年 2 月推出的以太坊企业联盟网站是一个简单的初始页面，包含标识、关键信息和一个 Twitter 的链接。主视觉区最显著的区域包括微软、英特尔、摩根大通和埃森哲等公司的标识。主要 CTA 是一个电子邮件获取栏，用于提交加入以太坊企业联盟的请求。许多大大小小的公司填写了表格，很快以太坊企业联盟就有了一长串潜在用户等待加入组织。各种类型和规模的项目都不应隐藏他们的用户。相反，他们应在网站上展示奖杯墙，展示他们最重要合作伙伴的企业标识，突破怀疑、冷漠和惯性的阻碍，推动转化的实现。

采用即时优势品牌策略

由于 Web3 dapp 固有的风险，潜在用户通常对新项目和公司持谨慎态度。如果这些团队使用了化名的 Twitter 账号，尤其是那些粉丝很少的账号，情况就更糟了。在奖杯墙和 Chainlink 策略的结合下，这些团队应考虑我们称之为即时优势的品牌策略。如果一个项目与更大、更成熟的在位者或机构竞争，那么看起来“合法”是很有帮助的。这意味着项目可以借鉴更成熟的竞争对手的视觉和语言风格，将其应用到自己的品牌形象中，或许还可以加入与该项目品牌独特性相关的现代元素，以使其在受众期望的眼神中脱颖而出。一个品牌如果希望在一夜之间给人一种老牌企业的感觉，它就不能是另一个品牌的完全复制品，它需要自己的特色，但也可以借鉴另一个品牌的灵感。

营销人员应注意在潜在用户与品牌之间的任何渠道或互动点，有意识或无意识地向人们传达品牌小而新的形象。例如，当我加入 ConsenSys

时，公司规模较小，我们的网站、博客内容甚至员工电子邮件的自动签名都包含了对 ConsenSys 的详细描述。这向潜在用户传达了一种我们没有期望你已经了解 ConsenSys 的信息。考虑到在构建 Web3 方面所做的一切，我们的团队知道应将 ConsenSys 定位为一个重要的技术参与者。如果潜在合作伙伴尤其是大型机构的合作伙伴将我们视为一家更成熟、更具实力的公司，我们就能更快地实现目标。

我们的团队删除了任何暗示合作伙伴不熟悉我们的语言。我们的网站上仍然有一个“关于”页面，访问者可以在其中了解 ConsenSys，我们在新闻稿底部也放置了关于公司的标准简介，我们的目标并不是阻止新访客了解 ConsenSys。但是，我们有意识地不把自己呈现为一个人们可能不知道的初创公司。一旦我们从所有渠道中删除了这些解释性介绍，当新的目标受众第一次发现我们的品牌时，他们会认为错误发生在自己身上。他们可能会想：“我怎么会没听说过 ConsenSys 呢？”

一些 Web3 项目，如那些在 DeFi 食物币之夏期间涌现的项目，有意将自己定位为新的和探索性的品牌。他们的网站采用了 20 世纪 90 年代的蒸汽波美学，有卡通和猫咪表情包。对于主要是年轻人、通常具有技术能力并自称为 degen 的风险承担者来说，这些品牌非常合适。在这种情况下，“即时优势”的策略可能行不通。每个项目都应该根据对目标受众的深入了解以及对自身最重要的价值主张，来构建其品牌形象和门户网站。在 Serotonin，我们与新项目合作的过程始终从构建品牌视觉和语言开始，任何后续营销努力的基础是我们对项目目标受众的理解。一个高质量的品牌，即与受众匹配的品牌，能够提高将参与转化为使用的可能性。

培育社区

当潜在用户发现一个项目后，他们可能决定通过访问项目网站的方式与其互动，或者访问项目的社交媒体账号。当潜在用户来到社交渠道，比如一个 Web3 项目的 Twitter 页面时，他们并不一定会有意识地思考和判断，但他们会通过项目的关注者数量来判断项目的规模是否庞大、是否已经建立起强大的社区、是否小而新、是否吸引关注者。在对抗冷漠、惯性和怀疑的阻力时，如果他们认为内容有趣或想要获取项目的更新信息，就可能关注该账号。潜在用户可能会点击 Twitter 简介中的链接，进入项目网站、类似 OpenSea 的 NFT 市场上的收藏页面，或者其他可以通过 CTA 转化为购买或使用产品的地方。

他们还可能点击 Twitter 简介中将他们带到项目社区渠道的链接。这些只是 Web3 社区成员可以聚集在一起的信息平台，不要将其与 Web3 中的社区整体概念混淆（后者更抽象），它指的是与 Web3 项目相关联的人群，他们可能已经加入或尚未加入某个特定平台。主流的 Web3 社区平台是 Discord。Slack、WhatsApp 等也是 Web3 平台，但使用频率较低。Discord 之所以在 Web3 社区中如此受欢迎，是因为它早期就设置了链接到 Web3 钱包的插件。这使得 Web3 项目能够创建 Discord 渠道，并仅对特定可交换代币、NFT 的持有者或一定数量的持有者开放。对于许多最受欢迎的 NFT 系列，这些基于代币的社区就像互联网上的仅受邀才能加入的会员俱乐部，每个俱乐部都有不同的门槛。在这些社区中，成员可以获取项目团队的更新情况，实时交流信息和想法，相互了解并建立信任关系，组织活动和聚会，为项目做出贡献，甚至组建自己的新项目。

Web3 中的社区概念在外界听起来可能有些高深或抽象，但实际上它有具体的含义。它指的是当一个 Web3 项目将投资者、建设者和用户这些身份融合为一个经济利益一致的群体时所形成的单一类别。这个群体的参与者可以用自己喜欢的方式为项目做出贡献，有时是参与代码库的建设，有时是回应挑战或参与漏洞赏金活动以获取回报，有时是直接投资。他们的动机，有外在的也有内在的。

有些社区主要是提供参与者身份认同和共同目标感的社交群体。例如，Friends With Benefits 是 Discord 上的一个基于代币的社区，要加入该社区需要在 Web3 钱包中拥有 75 个 FWB 同质化代币。该社区的成员通常是文化领域中对 Web3 充满热情的人，他们组织派对和聚会，分享新项目和工作机会，交流有关交易代币或 NFT 的“独家消息”。此外，著名的 NFT 项目 Bored Ape Yacht Club 提供了一个专属的 Discord 服务器供其社区使用。他们的 Discord 上有一些对公众开放的渠道，其他渠道则是基于代币的，只有连接了 Web3 钱包并验证拥有 Bored Ape 或 Mutant Ape 的用户才能看到。同样地，这些成员之间会分享见解并互相解答问题。他们可以很早地获得有关项目的信息，并与创始人和领导层保持联系。

事实上，在最大、最成熟的社区中，项目创始人会积极参与其中，使自己可见且可接触。即使是推出 NFT 系列的名人也经常与他们的社区保持联系。真实而频繁的互动是 Web3 受众期望的福利之一。Serotonin 曾与佩斯画廊合作（这是世界上最大的艺术画廊之一），为其 NFT 平台推出了一个 Discord 社区。此时正好是佩斯画廊即将推出世界上最著名的当代艺术家杰夫・库恩斯的 NFT 系列之际。我们坚持要求库恩斯本人在 Discord 上参与“向我提问”这一环节，并直接与社区互动。杰夫・库恩斯不必在佩斯画廊的 Discord 上时刻待命，但他参与“向我提问”表明他和佩斯画廊对 Web3 的真诚承诺和兴趣。

考虑到这些社区提供的内容，Web3 中的社区概念比它最初要深刻得多。分散化和个人主义的文化可能让我们感到孤独。在新冠疫情期间，许多人都有这种感觉。随着进入一个物理现实与数字现实更加紧密交织的世界，我们很容易认为人与人之间会变得更加疏远。然而，这并不一定是真的，因为 Web3 为我们聚集在一起提供了新的结构。Web3 社区是一种新型结构，既是团队意义构建的单元，也是经济生存的单元。

Web3 社区的形成具有迷人的哲学意涵。几乎每个对人类产生过巨大影响的技术都让人们能够在更大的群体中合作，Web3 也不例外，且 Web3 社区和 DAO 证明了这一点。但是涉及在 Discord 平台上管理 Web3 社区时，我们又回到了现实中。这些社区需要细致的日常运营，才能启动并持续繁荣和发展。Discord 上的社区每周或每月定期举行电话会议，项目负责人通常在会议上向团队更新进展和计划。大多数 DAO 在 Discord 上都有自己的社区，其成员就是 DAO 的成员。这些 DAO 社区参与类似的活动，也在这些渠道上讨论投资和投票等事情。

加入社区的 CTA 通常出现在营销漏斗的参与阶段：可以是产品网站上的主要或次要 CTA，也可以是社交媒体上的 CTA。在最浅层次，社区渠道和社交媒体渠道一样，起到了聚集潜在用户的作用，使项目能够不断通过 CTA 重新定位他们，以促使他们进入使用产品的阶段。尽管这种框架在 Web2 的背景中是有道理的，但它对于理解社区如何在 Web3 中发挥作用来说太过简单了。社区不是一个等待项目对其进行营销的群体，它们本身就是项目的一部分。在 Web3 中，营销人员与社区是融为一体的。

但是，涅槃不会在一夜之间发生。在启动社区渠道之前，项目应确保其配置和人员相匹配。日常的 Discord 渠道通常由化名的管理员负责管理，他们可以是任何级别的人。特别是在初期阶段，团队成员应做好成为管理员的准备。存在第三方社区管理服务，有它们总比没有好，但是我们建议项目团队自己来担任这一角色。他们可以从公司雇用具有相关经验的人，但从新组建社区的角度来看，社区应由自己的团队来管理。随着社区的发展，项目团队有时会向最积极参与的社区成员提供激励，让他们担任管理员。这对于全球化社区且需要全天候支持的项目尤为有益。

一方面，对项目来说，让社区自行发展是很重要的。成员将设立他们自己的子渠道并自行展开讨论。营销人员应关注社区自发开展的活动。然后，他们的工作就是“推波助澜”，就像 Crypto Coven 的“Web2 me vs. Web3 me”活动和 Moonbirds 支持新兴的 Ladybirds 子社区所做的那样。这些项目注意到他们的社区正在做一些有益的事情，于是为这些自发组织者提供了资源和权限，让他们按照自己的方向发展，而不是加以限制并坚持所有想法都必须来自项目总部。这正是 ConsenSys 早期做的事，我们组织了一个以太坊领导者见面会，并为他们提供内容和资源。

另一方面，重要的是不要让事情失控。社区的管理员有责任明确设定规则并加以执行，有时甚至会封禁成员，这通常是在用户首次看到的 #general 或 #welcome 渠道上。如果一个社区渠道变成了所有投机者讨论价格、违反社区行为准则并发布不适当内容的地方，那么真正的目标受众就不愿意留在这里了。

把社区想象成外星人“飞船”

一个社区的第一批成员是谁很重要。他们对整个社区的形成产生了十分重要的影响。一旦一个社区发展到一定规模，项目团队就会失去对社区氛围的控制，他们的目标受众也不一定还愿意加入。在项目团队掌控社区的初期阶段，筛选会员是他们能够对社区施加最大影响的行为。创建一个 Web3 社区就好像是有一个外星人乘坐飞船抵达地球，放下一架梯子，让人类爬上梯子登上飞船，然后再返回太空，外星人随后将永远与那些人类一起在飞船上。外星人应该在哪里放下他们的梯子？他们想要什么样的人类登上他们的飞船？考虑到长期后果，外星人在到达地球之前应该慎重考虑这些问题，因为这是一项高风险的任务。在开始阶段，找到合适的社区成员比社区规模更为重要。

大多数项目的理想社区成员不仅仅是为了奖励而加入的，他们应该对技术本身感兴趣，会实际使用产品，为更大的使命或价值观做出贡献，并与他人建立联系。然而，有些社区明确以经济利益为目标，比如为 DeFi 协议做出治理决策的 DAO。在这种情况下，社区成员的理性自利、对代币经济学和数学的讨论可能至关重要。MakerDAO Discord 服务器的氛围和内容将与 Bored Ape Yacht Club 的不同。如果一个项目与代币或 NFT 相关联，所有持有该代币的人通常被认为都是社区成员，并且许多人选择加入像 Discord 这样的社区渠道，与拥有相似兴趣的人建立联系，随时了解个人资产的状态，并为项目的成功做出贡献。

持有项目代币的人及其购买和出售代币的动机可能会影响短期和长期的代币价格。如果一个项目向不关心该项目的人分发代币，这些人很可能会将其出售，若市场没有足够的购买压力，代币价格可能会崩溃。然而，如果一个项目通过一种机制分发代币，例如根据社区成员使用产品的历史进行追溯性分发，那么成员更有可能保留代币，加入和参与社区渠道，并继续使用产品。

Web3 项目最早的社区成员和代币持有者的来源可能决定了项目的

命运。对于大多数项目来说，理想情况是随着项目的建设和执行逐渐实现增长，并添加新的基础设施和实现新的成就。向执行某个特定动作的任何人空投代币虽然可能会在一夜之间生成庞大的社区追随者，但这和其他类似的短期策略一样，可能导致社区氛围变差和代币价格的不稳定。同样，购买追随者或社区成员的项目也应该知道因利而来的用户是唯利是图的。Web3 营销人员吸引社区成员的最佳方式是清晰地呈现他们产品和社区的价值主张，利用刀刃之上的信息，确保这些信息在漏斗顶部的渠道被发现，并在后续阶段履行他们的承诺。

在 Serotonin，我们通常建议 Web3 项目在推出代币或 NFT 收藏品之前就建立社区。这样，用户对该产品的潜在需求就会提前存在，也给项目创始人提供了测试目标受众对其价值主张接受度的机会，使他们能够调整价值主张以找到与目标受众最契合的方案。他们应该不断改进自己的产品，直到确信社区成员将对其产生积极响应，永远不要犹豫，而是直接问社区成员“你对 x 感兴趣吗”或者“你会对 y 做出哪些改变”。项目可以从早期社区中学到很多东西，以提高通过产品发布和空投代币实现目标的可能性。

我们还经常建议新项目在要求用户付费之前，在 Web3 环境中为他们提供一些价值。这有助于建立信任，并吸引那些对实际项目感兴趣的社区成员。一个完美执行这一策略的例子是 NFT 网络达人 Gmoney，它将参加过某些会议的人的钱包地址列入白名单，基于他们钱包中的 POAP 代币，允许这些钱包领取一个 Admit One 通行证。Admit One 是一个 NFT，使用户能够访问 Gmoney 在 Discord 上设立的基于代币的社区渠道。Discord 服务器上的 Admit One 社区成员可以直接与 Gmoney 联系，了解项目的信息。由于 Gmoney 在 NFT 领域的良好品位和对 NFT 社区的支持，Admit One NFT 迅速增值，有时价格高达 15 000 美元，尽管 Gmoney 最初免费赠送代币。只有在它建立了这种良好信誉之后，Gmoney 才推出了它的 NFT 时尚系列 9dccxyz，并将 Admit One NFT 持有者列入白名单，允许他们提前购买它的收藏品。

首先建立社区，然后免费赠送物品，这可能听起来过于慷慨或者在开始获得收入之前需要做太多的准备工作，至少对于那些拥有 Web2 思维的人来说是这样，因为他们希望先聚集“消费者”，然后向他们收费。然而，这种慷慨的行为背后有着强大的逻辑。即使一个 Web3 项目没有从首次社区形成或首次推出代币或 NFT 中获利，它仍然通过建立与项目相关的钱包交互历史，进行了一项具有经济价值的活动。这些钱包可以无限重新定向，并成为营销人员梦寐以求的 CRM 对象。随着时间的推移，项目能够对已经被证明喜欢使用该产品的代币持有者进行追溯性分发，这些人更有可能购买或持有代币而不是出售代币。尽管早期的 Web3 社区构建策略一开始可能听起来不符合直觉，但营销人员应牢记一个指导原则，即建立一个随着时间发展的健康社区。

以内容为中心的营销活动

营销人员必须能够为所选择的渠道提供内容。在 Twitter 和 Instagram 等社交媒体平台上，这可能意味着定制的图像；在 YouTube 和 TikTok 上，这意味着视频。在营销人员启动特定渠道之前，他们应确保已经招聘到了正确的员工（无论是内部员工还是代理机构或合作伙伴），以确保渠道保持活跃，定期发布新内容。在访问者看来，没有什么比没有任何帖子、互动或关注者的空白渠道，或者发布内容的声音和信息杂乱无章的渠道更糟糕的了。

营销人员在启动渠道之前应确保适当的人员到位，并制订一个计划表，以便团队知道即将发布的内容。营销团队应为内容的表现设定 OKR，专注于内容产生的结果，而不是专注于发布内容的数量。内容可以产生的一些结果包括网站流量增加 x%，某个帖子的互动次数达到 y，获得 z 个合格潜在客户的电子邮件地址。内容本身，无论是社交媒体帖子、博客、观点文章、行业报告还是活动演示文稿，都应精心量身定制，以迎合目标受众的兴趣，并重申关键品牌信息。即使不是每篇文章都能带来大量流量，但通过文章重申这些信息也有助于提高域名的权威性和搜索排名。项目应确保在文章标题中包含每个主要的关键词，以增加其在搜索排名中出现的机会（有关博客和搜索排名的更多信息，请参见第 12 章）。内容与目标受众的相关性越高，他们就越愿意点击并分享，这进一步扩大了发现的好处。

一旦目标受众注册电子邮件、加入社区渠道或关注社交媒体账号，项目就可以通过内容不断吸引他们，包括号召他们开始使用产品或尝试新功能。社交媒体平台主要是基于算法的，这意味着项目不能随意通过新内容触达他们的完整受众。在社区渠道或电子邮件列表中，中介作用较小，营销人员可以自行决定何时分享内容，只要受众愿意关注。我们通常建议，如果项目有员工来创建和分发电子邮件，并且该渠道对他们的受众和业务目标有意义，他们就可以开始进行电子邮件营销。Discord 可能会突然消失，Twitter 算法可能有一天会偏爱某些类型的账号，MailChimp 和其他电子邮件平台可能会出现问题，但没有什么比拥有已同意接收电子邮件的受众成员地址更可靠。电子邮件是项目真正拥有的少数几个渠道之一，它可以成为分发内容的绝佳方式。

内容和电子邮件通信不一定总是需要将用户转化为特定产品的使用者，它们也有助于建立良好的信誉，以便日后转化用户。在 ConsenSys

的早期阶段，我们并不总是有产品或代币发布，但我们意识到不断发展的 Web3 社区需要定期更新以太坊上构建的所有内容。我们的营销团队开始定期撰写新闻简讯，我们的电子邮件不仅吸引了那些希望接收 ConsenSys 产品信息的人，而且吸引了任何对以太坊生态系统感兴趣的人。当我们确实有产品要推广时，由于我们过去花费时间建立起了信誉、增加了社论的价值，因此能够接触到更多受众，并且这些受众能够积极参与。

对于尚未推出产品的项目来说，内容可以成为救命稻草。当项目团队找到 Serotonin 时，他们经常希望立即开始建立社区，但他们不确定在没有实际产品的情况下应该对受众说什么。答案就是内容。预发布项目应将自己视为特定内容品牌。例如，Web3 隐私项目可以启动一系列关于 Web3 和隐私的博客和资讯；预发布的 DeFi 协议可以创建关于新手如何开始使用 DeFi 的教育内容；女性领导下的 NFT 系列可以发布最佳女性 NFT 社区的列表，或者创建其他女性领导的 NFT 项目，并在社交媒体上交叉放大彼此的内容。如果项目通过内容刺激需求，并将其集中在特定渠道上，那么当他们准备好推出产品时，只需“打开闸门”。以内容为中心的营销活动可以在项目推出之前很久就开始，并且应该开始。

Web3 Marketing

第 12 章

保留用户：构建你的护城河

营销人员在营销漏斗的每个阶段都在与冷漠、惯性和怀疑做斗争，直到达到保留阶段。保留是潜在用户已经转化为实际用户的阶段。保留的目标是防守：让用户消费更多并避免他们流向竞争产品。在这一点上，惯性实际上对项目有利，就像牛顿物理学中的情况一样，当物体处于运动状态时会保持同样的运动状态。只要用户继续面临相同的问题，而产品仍然提供最佳解决方案，他们就将继续使用产品。保留用户的最佳机制之一是拥有黏性产品，提供激励措施，并在社区中树立信守承诺的声誉。

开发黏性产品

一个“黏性产品”是用户有可能定期回来并继续使用和参与的产品。相反，一个“滑溜产品”可能在有限次解决用户的问题后就会被遗忘，或者缺乏内在机制来激励用户回归。例如，像 MetaMask 这样的 Web3 钱包就是一个黏性产品的好例子，因为用户将所有代币转移到新钱包中会有阻力，必须受到额外激励才能克服阻力。用户越有动力，并且切换产品所需克服的摩擦阻力越小，他们就越有可能停止使用原产品。

DeFi 协议可能是不太具有黏性的产品。如果另一个协议在同样的风险下提供更高的收益，用户很可能转向其他选择。尽管如此，DeFi 协议和其他 Web3 项目类似，可以利用社区渠道来增加产品的黏性。NFT 收藏品经常通过社区渠道来增加黏性，这些渠道可以成为其成员日常生活的一部分。例如，如果一个 Bored Ape NFT 的买家加入了 Bored Ape Yacht Club（BAYC）的 Discord 服务器，并且该渠道上的对话内容十分有趣或有用，那么该买家更有可能保留他们的 Bored Ape NFT 或购买更多 BAYC NFT 以继续访问社区渠道。如果他们出售了所有的 BAYC NFT，Discord 上的代币限制机制将把他们踢出服务器，他们就会失去访问权限。

NFT 收藏品使用的另一种保留社区成员的机制是通过奖励 NFT 持有者获得更多 NFT。例如，BAYC 向所有 Bored Ape NFT 持有者空投了 Mutant Ape Serum NFT。持有 Serum NFT 的 Bored Ape NFT 持有者可以铸造一只变异猿（Mutant Ape）。Mutant Ape 是一种有价值的独立 NFT，尽管目前价值低于 Bored Ape。持有者还可以交易 Serum NFT 本身。像 BAYC 这样的 NFT 项目为现有持有者提供额外的可交换代币或 NFT，随着时间的推移建立起了奖励社区的声誉，这促使持有者保留或购买更多的 NFT。

项目还可以向现有持有者或任何他们希望的一组区块链钱包地址，甚至包括有使用其他产品历史的地址（因为钱包与 dapp 交互的历史在区块链上是公开的），提供让他们加入白名单或允许列表的机会，从而使他们有资格获得未来的空投、可领取物或购买更多代币的机会。当 Adidas 和 Prada 共同推出数字艺术 NFT 时，它们保留了 3 000 个 NFT 中的 1 000 个给曾购买过 Adidas NFT 系列的钱包。[1] 这是激励计划的未来。任何 Web3 项目，无论是 DeFi 协议、Web3 实用工具还是 NFT 收藏品，无论是否具有固有的黏性，其都可以利用 Web3 的基础结构设计激励系统来提高用户留存率。

使用内在的和外在的 Web3 激励

使用户留下的 Web3 激励动机可以是内在的，也可以是外在的。以 Friends With Benefits 为例，它是一个位于 Discord 上基于代币的 DAO 社区，是加入 Web3 运动的人们在文化领域的聚会场所。该社区的许多成员在艺术、娱乐、媒体或游戏领域工作。其中一些人在 Web3 领域工作多年，而其他人则寻求信息、寻找工作或新的产品推荐。Friends With Benefits 经常在重大的 Web3 全球会议期间举办对社区成员开放的派对。该社区拥有一种名为 FWB 的可交换代币，可以在 Uniswap 等 DEX 购买。尽管任何人都可以购买该代币并参与 DAO 的治理，但只有经批准的申请人才能成为正式的成员，他们将按照持有 FWB 代币的数量受邀分层参与。

经批准的持有 5 个 FWB 代币的成员可以连接他们的 Web3 钱包并获得“本地”活动和有限的 Discord 渠道入场券；持有 75 个 FWB 代币的“全球”成员可以完整访问活动和所有的 Discord 渠道。[2] 在线下聚会的门口，参与者需要展示他们持有一定数量代币的移动钱包。大多数 Friends With Benefits 的成员之所以持有 FWB 代币，并不主要是因为他们预测代币价值会增加，而是因为他们希望享受社区的福利。尽管代币经济学的逻辑是，想加入 Friends With Benefits 的人越多，FWB 代币的价格就越高。如果他们卖掉代币，Discord 服务器将会把他们踢出，他们将失去参加现场活动和数字社区的权限。只要项目向社区提供的价值不单纯是金融方面的，它们就能够通过内在激励保留用户。任何社区，无论是 DeFi 协议、Web3 实用工具还是 NFT 收藏品，都可以提供内在激励来保留用户或持有者，通过提供能够吸引目标受众的内容来保持社区渠道的活跃。

一个众所周知的围绕外部激励而形成的社区是 Link Marines。去中心化的预言机项目 Chainlink 形成了一个自称为 Link Marines 的狂热粉丝群体，这个名字来源于 Chainlink 代币 LINK。一开始，Link Marines 似乎主要是年轻的、在在线留言板 4chan 上花费时间的、以男性为主的加密货币投资者。在他们的社区渠道中，Link Marines 创造了自己的独特文案来讨论 Chainlink 项目的优势，并在 Twitter 上广泛分享。他们互相鼓励购买更多的LINK，甚至到了持有被称为自杀仓位①的地步，并嘲笑任何威胁要出售 LINK 的人。Link Marines 社区并不适合所有人，但其成员作为一个团体共同努力实现经济目标，享受其中的乐趣和友谊。随着该团体的规模达到临界点，可以说它对 LINK 连续数月飙升的价格做出了贡献。即使那些并非明确属于 Link Marines 的代币投资者也会在 Twitter 上听到或看到 Chainlink 拥有一支激进粉丝队伍的消息。“如果它能激发这么多人的信心，那一定是好东西”，他们可能会这么想。这种第三方的认可可能会使一些新的潜在买家参与进来，并使现有的 LINK 持有者倾向于保留他们的代币而不是出售。

如果项目的早期社区就像是向人类放下梯子的外星人飞船，那么谁登

① 自杀仓位指代币持有量极大，如果其价格崩溃，持有者将损失大部分价值。

上这些飞船对于后续保留用户而言非常重要。许多 Web3 项目乍一看拥有繁荣的社区，因为它们在 Twitter 上有大量的关注者。然而，如果项目主要通过赠品吸引这些受众，而不关心早期受众是否真正使用产品或为项目做出贡献，那么一旦奖励停止，这些社区很可能无法持续存在。

常用 Web3 社区的人知道“何时启动代币”（wen token）的说法，这种说法是成员用来反复询问一个项目何时推出其代币的玩笑，他们常常暗示一旦发售并收集代币后就会抛售代币离开。向现有产品的用户分发可交易代币或 NFT 是一种明智的策略，可以将这些受众选择保留代币并继续使用产品的可能性最大化。过去的行为是预测未来行为的最好工具。如果一个项目向不关心该项目的钱包持有者空投代币，他们很可能会尽快出售这些代币，换取他们认为更有价值的代币、稳定币或法定货币。为了提升用户的长期留存率，一个项目可以使用的最高杠杆机制，就是仔细考虑如何形成早期社区。营销人员应该深思熟虑地选择他们的目标受众，欢迎那些最有可能购买、使用和为项目做出贡献的人。

通常情况下，社区会因为相信一个项目的未来计划而留存下来。游戏项目 Chiru Labs 的 Azuki NFT 收藏品就是赢得和失去社区信任的完美例子。Azuki NFT 收藏品展示了具有不同动漫风格的数字分身。除了 PFP 的实用性之外，每个 NFT 还授予持有者进入 Azuki 基于代币的元宇宙社区——The Garden 的权限。虽然 Azuki 的网站明确定义了该元宇宙的当前状态为一个 Discord 服务器和 Twitter 空间，但该网站还包括了一个未来活动和功能的强大路线图，包括线下聚会活动、独家服装发布、沉浸式元宇宙，以及与收藏品中的角色相关的各种游戏和实验，其中许多都指向可能推动项目价值呈阶梯式增长的潜在事件，例如，与发布元宇宙同时进行的土地投放。NFT 艺术品的精美设计、网站以及 Azuki 的社交和社区渠道，都让人对项目背后的团队实现其完整愿景充满信心。购买 Azuki

NFT 的买家可能因为内在或外在原因而保留该代币。增长的潜力对于希望以更高的价格转售代币的投机者来说是令人兴奋的，而访问特殊渠道、参加活动，以及某一天能够进入游戏和元宇宙的想法对其他人来说也是一种内在的激励。[3]

尽管 Azuki 的未来计划激发了社区信心——2022 年 1 月的代币发布在 3 分钟内售罄及其二级市场的价格急剧上涨，但是该公司创始人在 2022 年 5 月的一篇博文中谈到他放弃了多个之前失败的 NFT 项目，这导致用户对项目的信心急剧减弱，而且 Twitter 的调查人员还指出这些过去的项目可能存在可疑行为。截至本文撰写时，Azuki 代币价格暴跌，远低于其 2022 年初的峰值。Azuki 仍在继续前进，但它能否重新赢得社区的信任，留住成员，并实现其最初的愿景，还有待观察。[4]

通常 Web3 的新手，尤其是 NFT 领域的新手，会经常批评这个行业充斥着观望者，真正的用户寥寥无几。这些批判者往往不理解 Web3，并以 Web2 的狭隘思维方式来看待它，Web2 的构建者、用户和投资者是独立的角色，每个角色都至少在某种程度上对其他角色存在敌对的动机。按照这种思维方式，一个充满观望者的社区意味着项目缺乏真正的用户。这些批判者没有理解的是，Web3 项目将构建者、用户和投资者的角色融合为一个称为社区的统一整体。社区成员的动机经常交织在一起。一个社区成员可能会像投机者一样行事，将代币转售以获取更多价值，也可能因为一个游戏非常有趣，或者一个社区非常有价值而继续持有代币。一些社区成员加入社区有特定的目标，其他人则观察项目如何执行其未来计划、如何奖励长期用户、如何在社交渠道上营造归属感，以确定他们自己的行为。

为了留住用户或持有者，Web3 项目应该规划其长期技术路线图并在自己的网站上发布，通过定期的信息发布、社区会议和论坛以及社交媒体帖子向现有社区成员提供最新消息。一方面，按照计划稳步发展的项目会激发信任并使用户留存；另一方面，欺骗社区或未能按计划交付的项目不仅会损害自身的声誉，还会削弱整个 Web3 领域的可信度。例如，一些受潜在价值驱使的骗子，以及那些承诺过多、交付不足的无能团队损害了早期 Web3 行业的声誉，尤其损害了综合性用户、机构投资者、媒体和一些监管机构的信任。然而，出现了越来越多高质量的 Web3 项目，明确展示了这些 Web3 技术的有益之处。随着 Web3 社区形成了一种识别骗子项目的免疫系统——其自身去中心化版本的消费者报告或商业改进局（BBB），Messari 等公司开始独立评估 Web3 项目，这自然会让潜在用户更容易明确项目质量。只要有赚钱的机会，骗局就会始终存在，但随着免疫系统的加强，许多骗局将逐渐受到阻止，这类似于我们在早期互联网中看到的情况。

Web3 营销人员才刚刚开始发掘其定位和留住社区的潜力。他们越来越意识到区块链是人类所知的最好的 CRM 软件。在 Web2 中，Facebook 和谷歌这样的平台向广告商销售的主要是用户身份信息，这些信息使广告商能够针对具有特定属性的潜在客户进行精细化定位，从而使他们更有可能购买被宣传的产品。这些平台从用户那里收集身份数据，并通过这些数据的相关性来推断其购买行为。例如，一个住在农村地区的男子更有可能购买拖拉机；一个以猫作为头像的女性更可能购买猫粮。然而，这个男子之所以住在农村也可能是因为他喜欢远足，而这个女性实际上对猫过敏。这个例子显然是过于简化了，但它显示了从身份信息推断购买行为的局限性。预测未来购买行为的最好方式就是分析用户的历史购买行为。

在区块链上，有一个不可变更的公共记录，记录了购买任何链上资产的钱包地址。这些地址可能与任何可发现的身份信息关联，但这样的信息是不必要的。如果 Prada NFT 的营销人员知道哪些钱包以前购买过 Prada NFT，或者 Louis Vuitton NFT，就可以将这些钱包当作白名单、空投或认领的目标。他们无须了解用户身份，因为他们可以直接访问钱包过去的购买历史。通过使用区块链，公司可以瞄准特定目标受众，同时保护化名用户的隐私。

营销人员可以使用链上数据进行更精确的再营销。例如，假设 Prada 想要激励其社区成员尽可能长时间持有其 NFT。在这种情况下，营销人员可以对那些持有某个特定 NFT 一段时间的钱包进行定向。如果 Prada 想要重新吸引已出售其 NFT 的社区成员，他们可以对那些曾经持有 Prada NFT 但现在没有持有的钱包进行定向。如果营销人员希望进一步尊重用户隐私，或者用户要求如此，他们将能够利用零知识证明（zero-knowledge proof，ZKP），这是 Web3 领域的一项技术进步，可以验证一个钱包持有某些代币化资产，而无须看到钱包的内容。为了实现这种功能，以太坊和 Polygon 等区块链平台正在积极整合 ZKP。借助匿名钱包和 ZKP 技术，Web3 为营销人员提供了真正强大的 CRM 工具，使其可以创建定制活动来激励用户的特定行为，而不需要了解特定用户的身份，甚至不需要知道他们持有的其他资产。

Web3 不仅为新的保留策略打开了大门，也使产品更具灵活性。以第 3 章中的 SushiSwap 和 Uniswap 为例，由于 Uniswap 等许多 Web3 项目是开源的，因此另一个项目可以轻易地复制其代码，进行微小修改后重新启动并迅速成为原有项目的竞争对手。这是开源代码的美妙之处：任何人都可以使用它，或者使用其中的一部分，轻松制作自己的产品。每一行新代码都增加了总知识库，有助于加快开发速度。同时，这也可能是开源项目的弱点，因为它大大降低了创建副本的门槛。Web2 公司通过使用难以复制的专有软件来防御竞争对手，开源的 Web3 项目依赖于长期的网络规模效应和声誉来为其产品创建“护城河”，防止用户流失到新的市场进入者手中。

竞争对手可以轻松复制项目的代码库，这意味着 Web3 营销人员不能仅仅满足于构建一个拥有蓬勃发展社区的优秀产品。他们不能忽视营销漏斗的最后一步，即提升产品黏性和留住现有用户。随着时间的推移，Web3 项目的价值不仅来自产品质量和背后团队的能力，还来自其激励社区成员做出高质量贡献的能力，这些因素使其能够创造出成功的新产品和功能，这是简单的抄袭者所无法实现的。

技术的固有属性使得 Web2 和 Web3 在产品的用户保留方面存在巨大的差异。Web2 的商业模式鼓励在一个产品周围设置壁垒，使其无法被他人看到和复制，Web3 模式则向所有人开放了项目的代码库，迫使原始项目保持敏捷、有创造力并持续创新。最终，前者导致了围墙花园和信息孤岛，后者则鼓励更快、更协作地在生态系统中进行更高质量的开发。如果我们只能使用一本百科全书，并且必须在维基百科和大英百科之间进行选择，大多数人会选择维基百科，因为其庞大的贡献者群体和随时间进化的能力对大多数人来说更加有用。

可以预料，最高质量的产品将来自采用开源 Web3 开发方法的项目。公开代码库确实存在风险，例如抄袭，但对于那些想要构建最佳产品的人来说，这些风险是值得的。对于 Web3 项目而言，用于防御的最佳护城河不是构建专有软件，而是随着时间的推移建立社区和声誉。

Web3
Marketing

第四部分

Web3转型的关键

最终，就像商业和社交生活

从现实世界

迁移到互联网上一样，它们将

迁移到 Web3，

为我们带来全新的体验。

Web3 Marketing

第 13 章

企业Web3转型的关键，从成为Web2.5企业开始

当创立 Serotonin 时，我们的目标是运用我们作为第一批 Web3 营销团队在 ConsenSys 中积累的最佳实践经验，包括将以太坊及其产品如 MetaMask、Infura 和 Truffle 推向市场，以及开发像 ConsenSys 这样的公司品牌并将其引入建立在 Web3 上的下一代项目中，如 DAO、DeFi 协议、Web3 实用工具和基础设施、Layer 1 和 Layer 2 区块链以及 NFT 项目。我们的大部分客户都是创新的 Web3 原生项目，是一小群了解我们声誉的、专注于 Web3 的风险投资公司推荐给我们的。然而，到了 2021 年，NFT 开始被主流市场采用，我们的邮箱收到了一些大公司的邮件，他们听说我们是 Web3 领域的专家，并且擅长与 Web3 社区取得联系。我们还收到了索尼音乐、百胜餐饮以及冒充侃爷（Kanye West）的电子邮件。

凭借我们在这个领域的多年工作经验，我们预计 Web3 将呈现出一种异构的组合，其中既有原生于 Web3 的项目，也有能够适应新环境、将其业务模式转变为适合 Web3 生态的传统品牌和 Web2 品牌。许多长期致力于 Web3 运动的贡献者本能地拒绝大型品牌和企业进入该领域。请记住，这个社区最初是针对导致金融危机的机构、在交易过程中提取巨额中介费的实体以及通过剥削大量用户和创作者来慷慨地奖励少数内部人员而形成的 Web2 商业模式而诞生的。

但是，任何了解企业以太坊联盟发布故事的人都应该理解 Web3 与传统商业世界之间的矛盾关系。虽然 Web3 为我们提供了推翻过时商业模式的工具，但它同样得益于那些在该模式下变得重要和强大的实体的参与。他们的认可推动了该运动的起飞，比特币和以太币等代币的价格历来与标普 500 指数的表现存在关联，并因美联储政策的影响而波动，如果他们采用 Web3 或将加密货币纳入其资产负债表将对整个生态系统产生积极的影响。

帮助 Web2 公司进入 Web3，先从 Web2.5 开始

在 Serotonin，我们决定直面这种矛盾关系，卷起袖子与传统的和 Web2 的公司合作，帮助他们进入 Web3。我们开展 Web3 转型实践的目标是帮助这些企业使用 Web3 技术并接触 Web3 原生受众，同时以一种本质上 Web3 的方式来实现这一目标，从而加快整个 Web3 的发展。当我们启动这个新实践时，我们意识到缺少一个术语来描述在 Web2 和 Web3 之间存在的项目和公司，即从像 Coinbase 这样以传统的中心化交易业务模式向客户销售加密资产的公司，到像耐克这样通过推出 CryptoKick 运动鞋 NFT 而试图进入 Web3 领域的巨型零售商。因此，我们自己创造了术语 Web2.5，用于指代在 Web2 和 Web3 之间存在的

项目和公司。这个术语在整个行业获得了认可，这证实了我们的预估，即我们正在探索的是正在发展的事物。

对于现有企业来说，从 Web2 向 Web3 的过渡不是瞬间完成的。相反，向 Web3 转型是逐步进行的，从 Web2 到 Web3 有一个渐进的过程。实际上很少有项目能够完全实现去中心化的最终状态。对许多项目来说，这是一个不可能实现的目标。它不仅需要通过像以太坊这样的方式将代码去中心化，还需要通过像 IPFS 这样的工具将应用程序存储的数据去中心化，并将治理权从中心化的法律实体转移到 DAO 中。大多数主要的 DEX 和 DeFi 项目，如 Uniswap 和 Aave，都有它们自己的去中心化协议，但它们也有中心化元素，如以方便用户体验为目的的前端网站或存在于中央政府管辖范围内的法律实体。较小型的 DeFi 项目也是如此，即使去中心化是其主要价值主张，它们也经常使用由中心化公司控制的抵押品。Frax 就是一个例子，该稳定币项目在协议层面高度去中心化，但其一部分抵押品由中心化实体控制，例如 Frax 使用的来自支付公司 Circle 的 USDC 代币，而 Circle 以在政府压力下冻结账户而闻名。

财富 500 强企业距离完全去中心化的商业模式或技术架构还有很长的路要走。在我们的 Web3 转型实践中，与我们合作的大多数 Web2.5 公司从未接受过加密货币支付。从苏富比到佩斯画廊，从利物浦足球俱乐部到 Roofstock 公司，各种类型的公司都接触 Serotonin，因为它们知道自己需要一个 Web3 战略，并寻求合作伙伴关系。然而，许多公司并没有完全去中心化旨在解决的问题：抵御利益相关方的攻击或操纵。只有当项目存在需要去中心化来解决的问题时，它们才真正需要去中心化。与此同时，公司理所当然地希望利用部分去中心化的好处，或者推出单个去中心化的项目或产品线：建立经济利益一致的社区以促进用户长期参与和更高效的增长，推出有价值的会员奖励计划，利用公共区块链作为强大的

CRM，或在启用 Web3 的元宇宙中开设门店。当公司的营销或创新部门要求制定 Web3 战略，或者他们在 Web3 中识别出短期的收入机会时，他们便经常来找我们。但是他们一旦了解到 Web3 基础设施的潜力，许多公司会继续留在 Web3 并建立自己的内部团队来利用这些长期的好处。按照他们的动机，这些公司投入 Web2.5 是合乎逻辑的。

在 2016 年初，我与卢宾在 ConsenSys 面试时分享的梦想——让以太坊成为家喻户晓的名字——从这个意义上讲已经实现了。通常情况下，我们合作的公司中有一两个 Web3 狂热者，他们努力说服他们谨慎的首席信息官或首席营销官开始投资他们品牌的 Web3 转型。我们经常与新兴大公司的内部区块链团队的年轻、充满激情的领导者合作，帮助他们说服上司，让上司认识到 Web3 提供了独特的机会。我们见证了他们中的许多人在晋升为区块链的领导后职业生涯迅速腾飞。作为支持各种行业的知名品牌，我们的指导原则是品牌应该以 Web3 的方式进入 Web3。Web2.5 公司的营销人员和其他专业人员必须了解 Web3。

在 2021 年的加密货币牛市期间，Twitter 上充斥着品牌和名人推销的新数字商品。NFT 的受欢迎程度飙升。杰夫·贝佐斯曾经说过，他创建第一家在线书店亚马逊，是因为他发现网络使用量每年增长了 2 300%，而在 2021 年，NFT 的交易量增长了 21 000%，这令人吃惊。[1] 品牌和名人希望利用这种炒作，向刚刚富裕的年轻人销售 NFT。许多人惊讶地发现这很困难。Web3 原住民对于新来者试图向他们销售的任何东西持有强烈的怀疑态度。如果卖方对 Web3 没有真正的兴趣，他们可能不愿意长期维护和发展社区，这使得他们的 NFT 更有可能在时间推移中贬值而非升值。那些在 2021 年取得成功并将其社区发展到 2022 年及以后的品牌和名人，采取了长期的 Web3 战略，而不是试图赚快钱。我们的 Web3 转型实践也是这样，我们拒绝与一些组织合作，因为它们一旦理解了 Web3 更深层次的好处，就只为短期利益所驱动。

构建良好 Web3 战略的五个支柱

本着这种精神，我们为公司提供了构建良好 Web3 战略的五大支柱。

第一个支柱是加强现有的 Web3 社区，而不是通过转移注意力和资源来削弱它。

第二个支柱是项目推出的所有代币或 NFT 都应该有用处，在这种情况下，社区成员可以访问、认领或参与一些活动，否则他们将无法实现这一点。对于耐克来说，仅仅推出一个没有任何作用的耐克可替代代币，或者仅仅展示有耐克标志或图像的耐克 NFT 收藏品是不够的。事实上，当耐克推出耐克 Cryptokick 运动鞋 NFT 系列时，他们的关注重点正是实用性。这个系列被空投给 Clone-X NFT 的持有者，而 Clone-X 数字分身能够在支持 Web3 的元宇宙中真正穿上这些鞋。2022 年 Dune Analytics 报告分析了以太坊上大品牌 NFT 的性能和 DEX 指标，耐克以令人瞩目的 1.838 2 亿美元的 NFT 收入位居榜首。杜嘉班纳以 2 367 万美元的收入位列第二，它也注重 NFT 的效用，其 #DGFamily NFT 盒子系列就是一个很好的例子。这些华丽雕刻的（虚拟）盒子装载着持有者收集的杜嘉班纳数字商品，作为 NFT，持有者可以进入社区，获得奖励，并参加专属的销售和活动，盒子上的不同装饰表示不同的会员级别。蒂芙尼位列榜单第三名，它的产品具有实用性，允许 CryptoPunk NFT 持有者使用他们拥有的 NFT 定制蒂芙尼珠宝（在有限时间内）。对于进入元宇宙的大品牌来说，仅仅有一个响亮的品牌名字是不够的。Web3 的受众关心他们购买的数字商品的实用性，而不仅仅是“标签”上的品牌名字。[2]

第三个支柱是着眼于长期发展，为无限期的未来配置项目团队，制订多年的计划，并致力于实现目标。

第四个支柱是品牌在涉及 Web3 的业务模式中引入 Web3 激励结构，以便构建经济上一致的社区。

在我们与零售品牌合作时，还有第五个支柱：在真正启用 Web3 的元宇宙如 Decentraland 和 Sandbox 中开设元宇宙商店、活动和游戏。

每个品牌最终都会进入 Web3

在 Serotonin，我们相信每个品牌最终都会进入 Web3。当互联网最初被创建出来时，它的大部分用途是军事或学术性质的，很少有人相信甚至想象它会成为商业和社交生活的主要场所。随着 Web2 开创了标准并培育了线上的激励机制，这个构想实现了，各公司纷纷开始利用互联网。咨询公司成立了“数字转型”业务。许多这样的公司至今仍然存在，因为传统公司仍在更新其商业模式和流程，以利用 Web2 带来的机会。

就像数字化转型一样，我们认为 Web3 转型将变得普遍，因为经济和社会力量会将品牌、投资者和客户带入去中心化的网络，即使他们不需要将业务的每个部分都完全去中心化。如果品牌快速开始这一转型，它们有机会被誉为早期采用者。那些落后的品牌可能会发现，当它们进入 Web3 时，它们所在的细分市场已经被一个 Web3 原生项目占据。就像互联网消灭了旧的企业并孕育了全新的一批企业一样，现有的公司在 Web3 世界中并不一定能生存下去。一个公司能做的最好的事情就是快速制定一个周密的 Web3 战略：加强现有的 Web3 社区，着眼于长期发展，引入 Web3 激励机制，并探索那些最终成为我们众多活动交汇点的 Web3 支持的虚拟世界。

在Web3门口犹豫不决，公司的顾虑

有时，我们遇到的公司在建立 Web3 战略时犹豫不决，即使组织内有一些充满热情的 Web3 倡导者。他们通常会关注以下几个问题：环境影响、加密货币市场周期或公开支持 Web3 所带来的声誉风险。以下是我们应对这些顾虑的常用方法。

许多公司的目标受众关注气候变化，特别是零售业务。一些人听说加密货币不符合环境可持续的要求。我们通过教育和普及来应对这一顾虑。并非所有区块链都是平等的，比特币和以太坊以前使用的 PoW 挖矿算法具有显著的能源需求。然而，即使在以太坊仍使用 PoW 的情况下，在以太坊区块链上铸造一个 NFT 与铸造 10 亿个 NFT 相比，并没有改变以太坊网络的能源消耗量，因为几乎百分之百的能源需求是由挖矿活动产生的，而不是链上资产的生成或交易。但如今，在以太坊升级为 PoS 之后，针对气候问题的答案变得更加容易理解：通过转向 PoS，以太坊将能源消耗减少了 99% 以上，成为具有环保意识公司的区块链平台的绝佳选择。也就是说，在分片技术（一种旨在提升网络处理能力的升级方案）还未推出之前，用户在以太坊上进行交易需要支付一定量的燃料费用来覆盖网络运行成本。对于购买价格较低的商品或频繁进行小额交易的用户（在游戏中的交易）来说，这些费用可能会相对较高。根据公司的 Web3 产品或

目标受众，使用像 Polygon 一样的 Layer 2 可能更合理，以避免高昂的燃料费用。一些公司探索将 Flow 和 Solana 等其他 Layer 1 区块链作为其 Web3 产品的替代方案，但他们应该意识到，目前这些平台上的流动性较少，无法对产品产生需求压力，这些区块链的本地钱包安装用户也较少，并且在追求可扩展性或其他设计目标时，Layer 1 区块链上的资产存在丢失的风险。无论使用哪个平台，公司在推出涉及气候问题的 Web3 项目时都有几个很好的选择。

类似地，有多种明智的方法来应对加密货币市场周期问题。首先要了解 Web3 产品的目标受众。尽管加密货币代币（如比特币和以太币）以及知名 NFT 收藏品如 CryptoPunk 和 Bored Ape 的价格可能波动很大，在熊市中价格暴跌到最低点，并在随后的牛市中创下新的历史高点，但并非所有购买 Web3 资产的买家都像加密货币交易者那样对待他们的收藏品。就像大多数人在购买早晨的咖啡、一双运动鞋或一张音乐专辑之前并不查看法定货币市场，看美元兑人民币的汇率一样，购买 Web3 资产的人主要是出于实用性的考虑，如使用 Web3 激励计划购买咖啡、为游戏角色购买一双运动鞋、购买音乐 NFT 等，他们不一定关心加密货币市场，但会关注价格，并根据物品的实用性和以当地法定货币计价的成本来评估是否应该购买。

如果一个项目的目标受众是加密货币交易者，那么立即开始构建项目并等到市场的最佳时机推出项目可能是合理的选择。从历史上看，加密货币市场一直是周期性的。许多公司犯了一个错误，只在牛市的顶峰开始构建项目，导致在准备推出项目时市场条件变得不利。相反，更好的方法是尽早开始建设，并随时准备推出，因为市场状况可能会迅速变化。最后，对于项目的发展来说，从小规模开始，建立真正关心项目的社区，并使社区与市场同步发展，这通常是有益的。在熊市的低点，项目团队更容易获得反馈，以改进其产品。在 Web3 项目的牛市狂热中，往往有太多的买家购买代币，导致很难从真正的用户那里获得反馈。无论我们在市场周期的哪个阶段，Web3 都将存在，最终就像公司需要互联网战略一样，几乎每个公司都需要 Web3，因此大多数公司最好开始构建一个深思熟虑的长期计划，为未来最具战略意义的时刻做好准备。

对于考虑进入 Web3 的公司来说，比气候和市场周期更棘手的是声誉问题。在本书中，我曾抱怨过一些骗子利用 Web3 赚快钱，欺骗他们的社区。这类似于互联网早期的情况，存在欺诈性初创公司，它们通过欺骗用户和投资者而赚取数百万美元。在 20 世纪 90 年代末互联网泡沫破裂后，互联网股票崩溃，互联网公司的声誉受到严重损害。投资者和用户对任何新的互联网项目都持怀疑态度。经济学家保罗·克鲁格曼（Paul R. Krugman）在 1998 年曾声称，“到 2005 年左右，人们将明白互联网对经济的影响并不比传真机大”。[3]《每日邮报》2000 年 12 月的头条写道：“互联网可能只是一个过时的潮流，因为数百万人已经放弃使用它。”[4] 在加密货币熊市期间，公众对 Web3 的看法同样严厉，然后在牛市期间，当价格再次飙升时，黑客和骗子会重新出现。

但就像公司在足够长的时间内因为被崩盘和骗局吓到而错过了适应互联网的机会一样，它们也会错过 Web3 的机会，因为 Web3 是一种同样具有强大影响力和能力的范式转变技术，尤其是给早期采用它的公司带来了巨大好处。一些最大的公司已经证明了它们能够迎接这个挑战。尽管加密货币市场的环境不佳，星巴克和 Chipotle 还是在 2022 年宣布了激进的 Web3 奖励计划，Reddit 等公司推出了 Web3 产品，但没有使用 NFT 等术语。最终，就像今天的公司在推出“互联网”产品时不会面临声誉风险一样，我相信当任何公司宣布推出“Web3”产品不会遭到任何反对的时候，Web3 将变得相当普遍，以至于使用这个术语是不必要的。

与此同时，公司应该专注于推出它的目标受众所需要的 Web3 产品，并且适当定价和分发。当一个公司或名人推出一款考虑不周或明显抢钱的产品时，通常会引起强烈反对。一些公司在进入 Web3 市场时正是犯了这样的错误，结果误以为反对他的声音是反对 Web3 的。其他公司可能会从它们的受众那里了解到，它们要避免使用区块链和 Web3 的术语。无论如何，公司没有理由将 Web3 视为“过时的潮流”或“传真机”，而是有充分的理由制定一种策略，以一种于受众来说合理、有意义且增值的方式发挥 Web3 的优势。

公司应该在开始制定 Web3 战略的使命前，深入了解是什么让它们在 Web2 或传统环境中取得成功。同时，它们应该部署内部团队与经验丰富的合作伙伴一起了解 Web3 的基础。一旦它们了解了自己的情况和 Web3 的工作原理，就可以构想如何将两者融合成一个新的共生整体，同时发展自己的品牌，并在 Web3 领域进行创新。这听起来可能过于诗意，不妨让我们来看看苏富比的例子。

向苏富比学习如何在 Web3 中取得成功

自 1744 年成立以来的几个世纪里，苏富比以策划最高质量和最受欢迎的拍卖会而闻名。由于这个声誉，它发展了一批忠诚而热情的收藏家和爱好者客户群体，扩展了其全球业务范围，包括在销售、时尚、房地产、葡萄酒、汽车等领域的业务。苏富比成了购买和出售已故名人的财产、月球上的房地产和暴龙化石的地方，这些物品与毕加索、莫奈和德加等艺术家的作品并列。在新冠疫情期间，得益于其具有前瞻性的战略布局，苏富比将业务重点转向在线市场，除了现场拍卖之外，还发展了电子商务。

当 NFT 在 2021 年开始引起关注，尤其是竞争对手佳士得以 6 900 万美元拍卖了著名的 Beeple NFT 时，苏富比迅速觉察到了机会。我的联合创始人马修联系了在苏富比技术部门工作的一位朋友，不久之后，Serotonin 和苏富比开始密切合作。我们帮助他们过渡到 Web3，并在 2021 年实现了超过 1 亿美元的销售额。苏富比被公认为早期行动者，入选 2022 年《时代周刊》百大最具影响力公司名单，并拥有由 Serotonin 的 NFT 电子商务软件的衍生产品 Mojito 驱动的永久 NFT 店面。[5] 我们将苏富比数个世纪的成功基因和 Web3 新颖的能力结合在一起。

苏富比的主要价值主张之一是确认一件物品是真实的和值得收藏的。苏富比的声誉就是物品最终的保证，它作为第三方确保了特定拍卖品的价值。在 Web3 世界中，成千上万的 NFT 卖家竞相呼喊以争夺注意力，潜在买家就像从糠中筛选出谷物般筛选具有长期价值的项目。苏富比处于独特的地位，验证了一种早期想法，即分布式区块链上的稀缺数字商品可以具有真正的价值，并为其社区策划了最佳的艺术 NFT。苏富比开始销售 NFT 艺术品的行为为整个艺术品生态系统带来了权威认可，就像是给整个领域盖上了官方认证的标志。这引导了最富有的艺术赞助人和收藏家进入 Web3，尽管其中的许多人曾对这种新媒体持犹豫态度。这加强了 Web3 社区的力量。

苏富比与现有的 Web3 项目和意见领袖合作，向 CryptoPunk、Bored Ape、Autoglyphs 等系列和 Mad Dog Jones、Pak 等数字艺术家提供了支持。[6] 它构建了长期的 NFT 店面——苏富比元宇宙，并在那里建立了一个社区，通过 Discord 服务器进行交流。苏富比将加密货币支付纳入其商业模式，成为首家允许以太币付款的拍卖行。在对美国宪法副本的拍卖中，苏富比接受了一个名为 ConstitutionDAO 的 DAO 作为竞标者。我们甚至在 Decentraland 中合作推出了苏富比纽约拍卖行的数字复制品。在纽约一场现场拍卖会的后排，我和苏富比的首席执行官在手机上查看 Decentraland 时意识到，与实体拍卖行相比，观看线上拍卖会的参与者要多得多。偶尔会有来自元宇宙的竞标。这是一个充满未来感的时刻，苏富比可以期待再次、多次出现这样的时刻，因为它已经成为一家稳固的 Web2.5 公司了。

苏富比的案例证明，无论一个品牌有多么古老和富有传奇色彩，只要将其价值主张以一种强化现有 Web3 社区的方式转化为 Web3 语境，就可以在 Web3 中取得成功。进入 Web3 和元宇宙的公司可能会遇到一些 Web3 原生用户的抵制，因为他们认为 Web3 和元宇宙不适合 Web2 或传统公司。然而，随着越来越多的新用户进入 Web3，并且越来越多的公司证明了以 Web3 方式进入 Web3 是可行的——遵守对社区的承诺并在很长的一段时间内履行其路线图——这种情况将变得越来越可接受。最终，就像商业和社交生活从现实世界迁移到互联网上一样，Web2 和传统公司也将迁移到 Web3，伴随着重新设计和适应新环境的体验。

Web2 和传统公司可以自由使用 Web3 的工具和机制。它们在 Web3 的初次尝试不一定需要涉及销售 NFT 收藏品或代币。例如，它们可以对现有的忠实用户和粉丝进行回溯性分配，以奖励这些成员加入基于代币的 Web3 社区。通常，这是一种更好的方法，即在要求新用户购买任何东西之前，先提供一些东西，以示善意。公司可以将其提供的实物商品与 NFT 配对，或使用区块链 CRM 系统来奖励持有者可替代性代币。它们可以建立商店或者自己的元宇宙，最好是使用开放、可互操作的 Web3 标准，并在其中销售或分发土地。它们可以在购买体验中引入新的功能，例如游戏化、3D 试穿服装或者模拟家具在实际房屋内的摆放效果。创作者和名人可以为粉丝提供新的互动方式，推出持有权利和版税的 DAO，参与创意决策或对治理的各个方面进行投票。

Web3 对于新旧项目而言都如同一个游乐场。随着时间的推移，Web3 的激励机制应该会使其原住民对新参与者更加欢迎，只要他们尊重游戏规则。

Web3 Marketing

第 14 章

建设你的Web3营销系统

在 Web3 领域，营销活动一直在进行，但有许多成功的营销人员并没有接受过正规培训，也没有将自己视为营销人员。他们只是在 Web3 项目中工作的人员，负责将他们的产品与用户联系起来。他们从未阅读过营销书籍或参加过营销课程，但他们直觉到营销的首要任务是了解受众，找出受众所在的渠道和所关心的问题，并在这些渠道上定制信息，以引导受众克服冷漠和惯性。随着时间的推移，这些直觉型营销人员开始意识到营销漏斗的存在，从发现开始，然后引导用户参与，再转化为使用，最后通过足够的关心和承诺促成用户的长期留存。我的朋友伊娃・贝林（Eva Beylin）也在 Web3 领域工作，她发表过一段精彩的推文："要么是在建设，要么是在交易，两者之间没有别的，都是营销。"[1] 在本书中，我试图将 Web3 中的"中间环节"进行系统化整理，包括什么是有效的，什么是无效的，以及如何思考这些问题。

营销并不是一套有限的、预先设定的做法，它是一个可重复的过程，始于设身处地把自己想象成他人。在这方面，Web3 营销与任何其他类型的营销相比并无二致。但 Web3 营销的不同之处在于，大部分营销人员的工作只是暂时性的，最终将转移到社区中。不同于 Meta 和谷歌设法使 Web2 公司永远依赖于其平台，强制付费以推动收入甚至是接触他们自己的受众，Web3 项目有机会设计自我营销系统。Web3 营销人员需要利用本书中描述的那些实践方法，引导需求和从零到一建设社区，而一旦这个系统建立起来，他们应该将其纳入路线图，实现营销功能的去中心化。由于 Web3 营销具有在动机一致的社区成员网络上实现去中心化的潜力，因此它比 Web2 更高效、更可持续，设计激励机制和建立正确的早期社区是成功的关键。对于在 Web3 项目上工作的任何人来说，只要他能想象到潜在用户是什么样的，并制定信息传递策略、建立营销漏斗，以及对结果进行测量和优化，就是采用了 Web3 营销人员的正确方法，无论他们的实际角色或头衔如何。

每项改变一切的技术起初看起来都不太可能实现，但事后来看，你会发现事情不可能以其他方式发生。早在 2016 年我加入 ConsenSys 时，我们就怀疑基于区块链的项目能够有力地激励群体展现出一致的行为，尽管当时只有很少的实例。从那一刻到今天，我们已经看到了 Web3 逻辑在现实中发挥作用。随着以太坊和其他区块链网络的发展，NFT 的迅猛普及，以及传统企业和 Web2 企业争相进入这一领域，Web3 可能已经过了不可逆转的临界点。我预计在未来 10 年内，Web3 和元宇宙的潜力将得到充分展现。我对这一点的坚信来自我所关注的激励机制。公司和创作者希望逃离线性增长的物质经济模式，转而构建一个没有边界的丰富世界。用户希望投资自己喜爱的项目，投资者希望帮助项目团队进行建设，而建设者希望与这些群体合作，以尽可能高效地成功。

我们已经开始观察到一个趋势，不论是在 Web3 内部还是在 Web3

外部，普通人对投资的兴趣日益增加，他们开始关注那些传统上为少数人带来最大回报的投资方式。这种兴趣超越了日常交易，早在互联网初期，科技就让消费者获得了之前只有专业人士才能享受的证券市场准入资格。如今，数百万散户正在冲破那些阻碍他们获利的大门，这些机会通常只为精英认证投资者（在美国，这些人拥有律师或注册会计师出具的证明，以证实他们除房产价值外的净资产超过 100 万美元，或者连续多年年收入超过 20 万美元）所保留，例如投资私募股权。[2] 像 Republic 和 Robinhood 等平台的成功在于让散户能够触及获得潜在高回报的机会。像 r/wallstreetbets 这样的社区，是由一群散户组成的集体，他们在 Reddit 上协调行动，正是这一趋势的体现。他们的力量能够将一只股票推到聚光灯下，正如他们在 GameStop 事件[①]中所做的那样，扰乱了大型对冲基金的策略。

无需许可并对所有人开放，Web3 是这一趋势的终极例证。不论是否持有认证，任何人都可以在 DEX 上获得任何加密代币，或者加入 DAO 与其他人共同投资。从事普通工作的人们也开始将自己视为投资者和工作者。随着时间的推移，更多人可能会加入进来。我预测随着未来工作模式的演变，大多数人会将自己的经济活动多样化，同时作为创作者和投资者展开行动。随着每个人开始承担多重角色，用户、建设者和投资者的界限将逐渐消失，取而代之的将是一个称为“社区”的单一类别。

具有激励机制的 Web3 项目旨在超越那些仅在用户获取成本和终身价值之间赚取利润差额，并依赖于他们无法控制的中介机构来维系其业务

---

① GameStop 事件是指在 2021 年初，r/wallstreetbets 的成员大量买入 GameStop 股票，推高股价。这一行为不仅让 GameStop 股票价格飙升，还使做空该股票的对冲基金蒙受巨大损失，展现出散户投资者集体行动的巨大力量。——编者注

的 Web2 公司。然而，Web3 项目有望取得成功，因为它们能够实现独立且可持续的增长。它们不依赖第三方平台开展业务，可以通过激励实现增长，而无须付出高昂的费用。

全球范围内越来越多的人开始将投资这些资产、加入 DAO 和社区作为生活的一部分。这一事实，再加上 Web3 在增长方面相较于 Web2 的固有优势，使得像我这样的 Web3 热衷者相信我们的新商业模式能够改变一切。今天，这种逻辑刚开始被少数早期采用者所理解。

待明天回首时，我相信 Web3 将会是不可避免的趋势。

致谢

我要对我的丈夫山姆·卡萨特表达我的感激之情，感谢他在我写作期间一直耐心地给予支持，即使这是在我们夏季度假期间在海边小镇进行的。作为一名受过计算机科学训练的人，山姆在技术审阅方面提供了宝贵的帮助。作为一个追求真理的人，他激励我尽可能精确地表达。山姆是我在以太坊社区中第一个认识的人。正是因为他，我才发现了这个运动。

接下来，我要感谢卢宾，他在我职业生涯早期给了我机会，我才能做一些从未尝试过的事情。在我们共事的时间里，他对我的信任给了我创造和冒险的信心。

建立一个 Web3 营销团队是一个团队的努力，首先是在 ConsenSys，然后是在 Serotonin。如果没有我队友的卓越才华，如爱丽丝·兰塞姆、卡拉·米利和埃弗里特·马齐，Web3 就不会达到今天的地位。7 年来，每一天我都为能和你们一起工作感到荣幸。同时，也要感谢 AJ·班农（AJ Banon）对 Serotonin 业务的信任和合作。

最后，我要向直接参与本书编写的团队表示感谢。感谢威利出版社的编辑们，特别是维多利亚·萨万（Victoria Savanh）为这个项目提供了大力支持。是你们的热情最终促使我付诸笔端。还要感谢马特·莫雷洛（Matt Morello）在研究、引用和编辑方面的协助。没有你，我无法完成这个任务，遑论按时完成。

前言 Web3营销，掀起下一场营销革命

1. Jeff Benson, “Ethereum Wallet MetaMask Reports 21 Million Users, Up 420% Since April,” *Decrypt*, November 17, 2021; Elizabeth Howcroft, “NFT Sales Hit $25 Billion in 2021, but Growth Shows Signs of Slowing,” Reuters, January 11, 2022.
2. CoinMarketCap, August 30, 2022.
3. Ryan Daws, “Ethereum Officially Kicks Off Its One Million Devs Initiative,” Developer Tech News, January 20, 2020.
4. Josh Stark and Evan Van Ness, “The Year in Ethereum 2021,” Josh Stark, Mirror.xyz, January 17, 2022.
5. Stark and Van Ness, “The Year in Ethereum 2021”; Visa, *Annual Report 2021*.
6. “Gross Domestic Product (Second Estimate) and Corporate Profits (Preliminary), Second Quarter 2022,” U.S. Bureau of Economic Analysis (BEA), August 25, 2022; “GDP (Current US$)—World,” World Bank Open Data, accessed August 30, 2022.
7. Konstantinos Korakitis, Richard Muir, Simon Jones, and Michael Condon, *State of the Developer Nation, 22nd Edition*, SlashData, April 2022.
8. International Telecommunication Union Development Sector, *Measuring*

Digital Development: Facts and Figures 2021, December 1, 2021.
9. “比特币系统”通常用首字母大写的 Bitcoin 来指称，而“比特币代币”用首字母小写的 bitcoin。

第1章 去中心化的尝试，从Web1到Web2

1. “The Net Interprets Censorship as Damage and Routes Around It,” Quote Investigator, July 12, 2021.
2. Jim Giles, “Internet Encyclopaedias Go Head to Head,” *Nature*, December 14, 2005.
3. Ben Sisario, “Musicians Say Streaming Doesn’ t Pay. Can the Industry Change?,” *New York Times*, May 7, 2021. Jaron Lanier, *Who Owns the Future?* (New York: Simon & Schuster, 2013).
4. Meta Platforms, Inc., *Form 10-K Annual Report for the Fiscal Year Ended December 31, 2021*, U.S. Securities and Exchange Commission (SEC), February 3, 2022; Alphabet Inc., *Form 10-K Annual Report for the Fiscal Year Ended December 31, 2021,* U.S. Securities and Exchange Commis- sion (SEC), February 2, 2022.
5. R. Fielding, M. Nottingham, and J. Reschke, eds., “RFC 9110: HTTP Semantics,” Internet Engineering Task Force, June 2022.

第2章 对“大而不倒”的反抗，比特币和以太坊

1. Joseph Lubin, “Joseph Lubin: Keynote on Ethereum | Ethereal Summit 2017,” YouTube video, 28:20, May 25, 2017. Joseph Lubin, “The moment I jumped in. . .” LinkedIn, April 22, 2019.
2. Satoshi Nakamoto, “Bitcoin: A Peer-to-Peer Electronic Cash System,” October 31, 2008.
3. Daniel Phillips, “The Bitcoin Genesis Block: How It All Started,” *Decrypt*, February 10, 2021.

第3章 以太坊向Web3的进化，在区块链上重构任何应用

1. 以太币、比特币和其他代币通常以它们的股票代码表示。
2. Paul Vigna, “Fund Based on Digital Currency Ethereum to Wind Down After Alleged Hack,” *Wall Street Journal*, June 17, 2016.
3. Matt Mihaly, “The Genesis of the Virtual Goods Model,” Virtual Economy Research Network, November 1, 2009.
4. 90% 的初创公司都会失败，这已经成为一种普遍的观点，尽管对“成功”的定义往往并不清楚：保持业务运营？达到特定的投资回报率？存在多长时间？失败的初创公司的具体百分比会随着这些变量而变化，但很明显，无论如何量化成功，初创公司成功的概率并不高。一些量化成功的方法可参见 Patrick Ward, “Is It True That 90% of Startups Fail?,” NanoGlobals, June 29, 2021; Marcus Cook, “The Biggest Misconception on Why Startups Fail,” *Inc.*, August 27, 2021。
5. Aoyon Ashraf, “Vitalik Buterin Says Ethereum Merge Cut Global Energy Usage by 0.2%, One of Biggest Decarbonization Events Ever,” *CoinDesk*, September 15, 2022. Daniel Kuhn, “Did the Ethereum Merge Drop ‘Worldwide Electricity Consumption’ by 0.2%?,” *CoinDesk*, September 19, 2022.
6. Jeff Desjardins, “All of the World’ s Money and Markets in One Visualization,” Visual Capitalist, May 27, 2020.
7. CoinMarketCap, August 30, 2022.
8. 这听起来可能像是我支持洗钱。对于拥有隐私，人们有各种各样的好理由和坏理由。我们希望在洗澡时有隐私。我们希望在自动取款机上操作时有隐私。即使现实世界到处都是摄像头，它们可以捕捉或者预防犯罪，但是我们仍然会感到不舒服。同样，金融隐私也有好的和坏的用途。洗钱显然是坏例子。也有好例子：在链上做生意的公司不想公开数据，比如他们为原材料支付的价格。在正常业务中他们完全有权这样做，但如果他们在公共链上交易，公众就会看到这些信息。仅仅因为金融隐私有一些恶意用例，并不意味着金融隐私不应该存在。而且对隐私的需求如此之大，特别是金融隐私，无论怎样，保护隐私的去中心化金融工具都将存在。
9. Robert Stevens, “ ‘Engineering Error’ Led to $34 Million DeFi Hack, Harvest

Finance Says," *Decrypt*, October 27, 2020.

10. Chainalysis, *The 2022 Crypto Crime Report*, February 2022. Note that this is just the number for "cryptocurrency theft," not including $2.8 billion in rugpull fraud.

第4章　Web3使元宇宙成为可能

1. Sam Shead, "Meta Plans to Take a Nearly 50% Cut on Virtual Asset Sales in Its Metaverse," CNBC, April 13, 2022.
2. Max Roser, Hannah Ritchie, and Esteban Ortiz-Ospina, "Internet," Our World in Data, 2015.
3. Meghan Bobrowsky, "Facebook Feels $10 Billion Sting from Apple's Privacy Push," *Wall Street Journal*, February 3, 2022.

第5章　发明Web3营销，从第一个Web3营销人员到第一支Web3营销团队

1. Rob Urban and David M. Levitt, "Crypto Pioneers Head to Brooklyn to Reshape Finance," Bloomberg, May 7, 2018.
2. Nathaniel Popper, "Business Giants to Announce Creation of a Computing System Based on Ethereum," *New York Times*, February 27, 2017; Paul Vigna, "The Newest Bank Blockchain: Will This Be the Breakthrough?," *Wall Street Journal*, February 27, 2017; Olga Kharif, "Microsoft, Others Said to Form Group Backing Ethereum Blockchain," Bloomberg, February 9, 2017; Anna Irrera, "JPMorgan, Microsoft, Intel and others form new blockchain alliance," Reuters, February 27, 2017.
3. 吉姆·柯林斯（Jim Collins）用"飞轮"这个概念来形象地描述良好努力和决策所产生的复合效应和动力积累。*Good to Great* (New York: HarperBusiness, 2001); *Turning the Flywheel: A Monograph to Accompany Good to Great* (New York: HarperCollins, 2019).

第6章 Web3营销的本质，了解你的产品和受众

1. Eric Ries' s canonical classic, *The Lean Startup* (New York: Crown Business, 2011).
2. Elizabeth Lopatto, "NBA Top Shot seemed like a slam dunk—so why are some collectors crying foul?," The Verge, June 7, 2022.
3. Andrew R. Chow, "*Time* 100 Most Influential Companies of 2022: Sotheby' s," *Time*, March 30, 2022.

第8章 根据SMART原则制定关键指标：具体，可衡量，有雄心，现实，有时限

1. Christina Wodtke, *Radical Focus: Achieving Your Most Important Goals with Objectives and Key Results* (Oklahoma City: Cucina Media, 2016).
2. 此处是指牛津大学哲学家尼克·博斯特罗姆（Nick Bostrom）提出的"回形针最大化 AI"思想实验："假设我们有一个 AI，它的唯一目标就是制造尽可能多的回形针。" AI 很快就会意识到，如果没有任何人类存在会更好，因为人类可能会决定关闭它。如果人类这么做，就不会有尽可能多的回形针。此外，人体包含大量可以用来制作回形针的原子。AI 努力推动的未来，将是一个拥有大量回形针但没有人存在的世界。"这个思想实验展示了极端目标驱动的 AI 可能产生的后果，即使目标看似无害，但也可能对人类构成威胁，因为 AI 会无情地遵照逻辑追求其目标，即使这意味着牺牲人类。

第10章 发现，潜在用户首次接触产品

1. Charles Duhigg, "The Craving Brain: How to Create New Habits," in *The Power of Habit* (New York: Random House, 2012). Claude C. Hopkins, "Pepsodent," in *My Life in Advertising* (New York: Harper & Brothers, 1927), 151-156. 有证据表明，霍普金斯广告的成功颠覆了科学的认知，使公众认为口腔卫生是与蛀牙无关的牙齿美容问题。Philippe P. Hujoel, "Historical Perspectives on Advertising and the Meme That Personal Oral Hygiene Prevents Dental

Caries," *Gerodontology* 36 (2019): 36–44.
2. Camila Russo, "Sale of the Century: The Inside Story of Ethereum' s 2014 Premine," *CoinDesk*, July 11, 2020.
3. Jillian D' Onfro, "Google Ends Cryptocurrency Ad Ban—but Only for Certain Kinds of Ads," CNBC, September 25, 2018.
4. Matthew Leising, "Jay-Z, Charles Schwab-Backed Ethereum App Opens Doors to Public," Bloomberg, August 11, 2020.
5. Matthew Leising, "Crypto Push by Republic Platform Sparked by New Token," Bloomberg, June 24, 2020.
6. Rob Price, "Weed, Times Square, and Floyd Mayweather: How Cryptocurrency Mania Is Creeping into the Mainstream," *Business Insider*, September 1, 2017.
7. Angus Berwick and Elizabeth Howcroft, "From Crypto to Christie' s," Reuters, November 17, 2021.

第12章　保留用户：构建你的护城河

1. Kati Chitrakorn, "Prada Teams Up with Adidas to Launch First NFT: Hint, Its Beeple-style," Vogue Business, January 20, 2022.
2. "Join FWB," Friends With Benefits, accessed August 28, 2022.
3. "Mindmap," Azuki, accessed August 28, 2022.
4. Eli Tan, "Azuki NFT Founder Admits to Abandoning Past Projects," *CoinDesk*, May 9, 2022; Stefan Stankovic, "Azuki NFT Review: The Anime Avatar Project Killed by Its Founder," Crypto Briefing, August 25, 2022.

第13章　企业Web3转型的关键，从成为Web2.5企业开始

1. Tweet by Andrew Steinwold (@AndrewSteinwold, April 7, 2022); Jeff Bezos interviewed by Richard Wiggins, "The 'lost' Jeff Bezos interview just about a year after starting Amazon," taped June 1997, YouTube video, 6:31; Ryan Browne, "Trading in NFTs Spiked 21,000% to More Than $17 Billion in 2021,

Report Says," CNBC, March 10, 2022.

2. Noah Levine (kingjames23), "NFT Brands Case Study Overview," Dune Analytics, August 11, 2022; Maghan McDowell, "Nike and Rtfkt Take on Digital Fashion with First 'Cryptokick' Sneaker," Vogue Business, April 23, 2022.
3. Paul Krugman, "Why Most Economists' Predictions Are Wrong," *Red Herring*, June 10, 1998.
4. James Chapman, "Internet 'May Be Just a Passing Fad as Millions Give Up on It,' " *The Daily Mail*, December 5, 2000, 33.
5. Crystal Kim, "Sotheby' s Makes $100 Million in NFT Sales with Younger Audience," Bloomberg, December 15, 2021.
6. Kim, "Sotheby' s" ; "Autoglyph #177," Sotheby' s, Natively Digital: A Curated NFT Sale, auction date June 10, 2021; 'Mad Dog Jones, Visor," Sotheby' s, Natively Digital: A Curated NFT Sale, auction date June 10, 2021; "Mad Dog Jones, Nightfall," Sotheby' s, Contemporary Discoveries, auction date July 19, 2022. The biggest Mad Dog Jones NFT sale ($4.1 million) was actually not with Sotheby' s, but with Phillips: Sam Gaskin, "Mad Dog Jones' Fax Machine NFT Sells for $4.1m," Ocula, April 23, 2021.

第14章　建设你的Web3营销系统

1. Eva Beylin (@evabeylin), Twitter, November 18, 2020.
2. SEC Office of Investor Education and Advocacy, "Accredited Investors - Updated Investor Bulletin," Investor.gov, April 14, 2021.

未来，属于终身学习者

我们正在亲历前所未有的变革——互联网改变了信息传递的方式，指数级技术快速发展并颠覆商业世界，人工智能正在侵占越来越多的人类领地。

面对这些变化，我们需要问自己：未来需要什么样的人才？

答案是，成为终身学习者。终身学习意味着永不停歇地追求全面的知识结构、强大的逻辑思考能力和敏锐的感知力。这是一种能够在不断变化中随时重建、更新认知体系的能力。阅读，无疑是帮助我们提高这种能力的最佳途径。

在充满不确定性的时代，答案并不总是简单地出现在书本之中。“读万卷书”不仅要亲自阅读、广泛阅读，也需要我们深入探索好书的内部世界，让知识不再局限于书本之中。

湛庐阅读 App：与最聪明的人共同进化

我们现在推出全新的湛庐阅读 App，它将成为您在书本之外，践行终身学习的场所。

- 不用考虑“读什么”。这里汇集了湛庐所有纸质书、电子书、有声书和各种阅读服务。
- 可以学习“怎么读”。我们提供包括课程、精读班和讲书在内的全方位阅读解决方案。
- 谁来领读？您能最先了解到作者、译者、专家等大咖的前沿洞见，他们是高质量思想的源泉。
- 与谁共读？您将加入优秀的读者和终身学习者的行列，他们对阅读和学习具有持久的热情和源源不断的动力。

在湛庐阅读 App 首页，编辑为您精选了经典书目和优质音视频内容，每天早、中、晚更新，满足您不间断的阅读需求。

【特别专题】【主题书单】【人物特写】等原创专栏，提供专业、深度的解读和选书参考，回应社会议题，是您了解湛庐近千位重要作者思想的独家渠道。

在每本图书的详情页，您将通过深度导读栏目【专家视点】【深度访谈】和【书评】读懂、读透一本好书。

通过这个不设限的学习平台，您在任何时间、任何地点都能获得有价值的思想，并通过阅读实现终身学习。我们邀您共建一个与最聪明的人共同进化的社区，使其成为先进思想交汇的聚集地，这正是我们的使命和价值所在。

Web3 Marketing: A Handbook for the Next Internet Revolution by Amanda Cassatt.
ISBN：9781394171958

图书在版编目（CIP）数据
Web3 营销 / (美) 阿曼达 · 卡萨特著 ; 葛颀 , 葛书辰译 . -- 杭州 : 浙江科学技术出版社 , 2025. 2.
ISBN 978-7-5739-1635-8
Ⅰ. F49
中国国家版本馆 CIP 数据核字第 2025F7G245 号

书　名	Web3营销
著　者	[美] 阿曼达 · 卡萨特
译　者	葛　颀　葛书辰

出版发行	**浙江科学技术出版社** 地址：杭州市环城北路 177 号　邮政编码：310006 办公室电话：0571－85176593 销售部电话：0571－85062597 E-mail:zkpress@zkpress.com
印　刷	河北鹏润印刷有限公司

开　本	710mm×965mm　1/16	**印　张**	17
字　数	233 千字		
版　次	2025 年 2 月第 1 版	**印　次**	2025 年 2 月第 1 次印刷
书　号	ISBN 978-7-5739-1635-8	**定　价**	109.90 元

责任编辑	陈　岚	**责任美编**	金　晖
责任校对	张　宁	**责任印务**	吕　琰